文庫

男おひとりさま道

上野千鶴子

文藝春秋

男おひとりさま道

CONTENTS

第3章 よい介護はカネで買えるか

第4章 ひとりで暮らせるか

第5章 ひとりで死ねるか

編集協力●（株）あどらいぶ企画室

男おひとりさま道

はじめに

男おひとりさまが増えている。

65歳以上の女おひとりさまは341万人、対して男おひとりさまは139万人と4割を超える（2010年）。この人数はこれからますます増えるいっぽうだろう。

これまで男のひとり暮らしは、「男やもめにウジがわく」だの、さんざんなイメージで語られてきた。ひとり暮らしにかぎっては、女のひとり暮らしより、男のひとり暮らしのほうが同情と憐憫《れんびん》の対象になってきた。

若いひとがひとり暮らしをしていても、はたからなにも言われないのに、高齢者がひとり暮らしをしていると、あいさつ代わりにふってくることばに、「おさみしいでしょう」がある。自分で選んだひとり暮らしなら、おさみしいでしょうは大きなお世話。その反発心が、わたしに『おひとりさまの老後』を書かせた理由のひとつだった。

男性の場合には、これに「ご不自由でしょう」がつく。

「ご不自由」は、家事などのご不自由に加えて、アチラのほう、つまり下半身のご不自由。「ご不自由」が理由で再婚などのぞまれては、興ざめする。これまでの結婚は、男の「不便」と女の「不安」との結びつきだった。だが、女に「(経済)不安」がなくなれば、女の側の再婚願望は低下する。

男がおひとりさまになるなり方には、3種類ある。第1は死別シングル、第2は離別シングル、第3は非婚シングル。死別・離別シングルの再婚のハードルは高い。相手の女性が死別シングルなら、亡夫を看とった代償に年金がついているから、それをみすみす手放すとは思えない。離別シングルの女性なら、結婚に懲りているから「再チャレンジ」のハードルは当然高い。非婚シングルの女性なら、結婚相手に求める条件がもともと高い。だからこそ、なしくずしに「負け犬」になった。これまで同世代の男を選ばずにきた彼女たちが、将来、同世代の非婚シングルを選ぶ可能性はますます低い。

というわけで、死別シングルも離別シングルも、ふたたび「おふたりさま」になる可能性は低く、現在の非婚シングルが将来「おふたりさま」になる可能性はもっと低い、と予測しておこう。

だが、女に依存せずに男おひとりさまが生きることは可能だ。取材を通じてわたしは充実した暮らしを送る多くの男おひとりさまに出会った。

男おひとりさまに生きる道はあるか？
イエス、というのが本書の答えである。
題して、男おひとりさま道。あなたにも道を切りひらいてもらいたい。

第1章 男がひとりになるとき

増えている男おひとりさま

男もおひとりさまになる。

女は、「現役おひとりさま」か、将来の「おひとりさま予備軍」か、そのどちらかの自覚があるが、男性は、そのどちらにも入らない、と思っているひとが多そうだ。妻に看とられて、「おふたりさま」のうちに、あの世へ送ってもらえると思っているからだ。

いや、もっと正確にいうと、自分の老後のことなど考えていないひとが多い。妻であれ、他人さまであれ、ひとのお世話を受けて亡くなることなんて、見たくない、聞きたくない、考えたくないようで、こちらがおどろく。

40代のころ、女同士で、老後の過ごし方をあれこれ話していたところへ割りこんできた男の一言を、いまでも覚えている。

「キミたち女は、いまからそんなことを考えているのか」

おぞましいものでも見る目つきだった。

「あなたの老後は?」とたずねても、せいぜい、「ある日、ぽっくり、がボクの理想ですね」なぁーんて答えが返ってくる。こればっかりは、理想どおり、なんていかないんだってば。それに予定も計画も立たないのが死に方、というもの。

男性のおひとりさまは、現実に増えている。まず事実をきちんとみきわめておこう。

死別、離別、非婚、さてあなたは?

男おひとりさまには、次の3種類がある。

第1に、妻に先立たれた死別シングルアゲイン組。

第2に、離別したシングルアゲイン組。

第3は、ずーっとシングルの非婚組。

順に、死別シングル、離別シングル、非婚シングルと呼んでおこう。ちなみに、「シングルアゲイン」とは、死別や離別でふたたびおひとりさまになることをいう。

この3種類には、世代差がある。前から順番に年齢が高い。各世代の男おひとりさまの特徴を素描してみよう。

死別シングル

男性で配偶者がいる割合がもっとも高いのは70代前半で85%（2010年）。長生きすれば妻に死に別れることもあるだろうが、70代前半ならまだ夫婦がそろっている年齢。だからおのずと妻がいるひとの割合が高くなるわけだ。

それというのも、この世代が〝**結婚大好き世代**〟だったからだ。40歳までに一度でも結婚した経験のあるひとの割合を累積婚姻率というが、日本人の累積婚姻率がほぼ100%に近くなる「全員結婚社会」（男性97%、女性98%）が成立したのは1960年代半ば。いまの70代前半は、この時代に結婚したひとたちだ。

結婚するひとたちの割合は、この時代をピークにして、それ以前も低く、それ以後にも低下する。データをみると、男性の生涯非婚率は、70代で3%、80代では1・4%。このひとたちは、「男なら結婚してあたりまえ」の時代に生まれ育って、無事、妻をめとることのできたひとたちだ。とりわけ70代、80代なら、戦争で男が払底《ふってい》していたから、その気になればいくらでも結婚相手がいただろう。

60代から増えはじめる〝番狂わせ〟

男性の死別シングルは、60代からぼちぼち増えてくる。

２０１０年の国勢調査によれば、60〜64歳で２・８％、65〜69歳で４・６％、70〜74歳で７・１％、75〜79歳で11・０％。男性の平均寿命、79・４歳（２０１１年）を超すと死別組はぐんと増える。80〜84歳で17・６％。ちなみに平均寿命とは、ゼロ歳時の平均余命のこと。ゼロ歳で死なずにすんだじょうぶなひとたちが、80歳を超える確率は、男性が59％、女性が79％。男性の２人に１人は80歳を超え、その年齢で妻のいない男性は、５人に１人の割合となる。

女性の平均寿命は85・９歳。それを超えて男性が長生きすると、妻のいる男性の割合は６割に下がる。この年齢になっても既婚者のほうが多数派だから、「おひとりさまの老後」はピンとこない、と思う男性がいてもしかたがない。

とはいえ、**男性も85歳を超えれば、シングルの割合は３人に１人。**妻に先立たれる〝番狂わせ〟も、例外とはいえない。

それだけでなく、80代以上になれば、同世代の妻に介護をしてもらえると期待しないほうがよい。よほど〝年の差〟婚でもしないかぎり、後期高齢者の妻のほうも、認知症になったり、寝たきり状態になっているかもしれないからだ。妻と死別していなくても、自分と同じように高齢になった妻が、介護要員になれるとはかぎらない。

この世代の特徴は「離別シングル」がいちじるしく少ないこと。70代半ば以上の離別組は2％台。この年齢なら結婚50周年を迎える金婚カップルが多いだろうが、長持ちしたからといって、夫婦関係がうまくいっていたとはかぎらない。同じ世代の夫と死別した女性から、「結婚はもうこりごり、二度としたくない」という声がたくさん聞かれるからだ。

かといって熟年離婚に踏み切る女性は多くない。２００７年4月から離婚時の年金分割制度がスタートしたが、熟年離婚率が急上昇したという話は聞かない。年金分割制度で妻がもらえる額は、2分の1。それなら、離婚して夫の年金の半額を受けとるより、あとちょっとの辛抱で、**夫を看とって、4分の3にあたる遺族年金を受けとったほうがよい**、と計算がはたらくのだろう。

概して60代から上の世代は、①ほとんどの男性が結婚しており、②その結婚の安定性はいちじるしく高く、③妻が生きているうちにあの世へ旅立てる男性が多数派を占める。だが、日本の歴史上、こういうひとたちは、この世代が最初で最後だろう。もうあとが続かないことは確実だ。これから先の世代では、①ほとんどの男性が結婚できるという条件がなくなり、②その結婚の安定性がいちじるしく低くなるからだ。

離別シングル

50代より下の世代では、すこーし状況が変わってくる。この世代から、非婚率と離婚率が両方とも高まってくるからだ。年齢が若いにもかかわらず、配偶者のいるひとは50代で75・3%、40代で67・6%と、その上の世代より有配偶率が低いのだ。日本では離婚が少ないと思われてきたが、このところ離婚率は徐々に上昇している。この世代で目立つのは離婚率の高さ。50代で6・2%。同世代で約16%いる非婚者と、1%台の死別者を加えると、シングルの割合は23%になる。5人に1人の割合だ。

離別者の割合は、年齢が下にいくほど減少する（30代で3%）が、それというのも、①離婚の割合は、結婚年数に比例するから若ければ離婚率は低い、②若年層になるほど非婚者が多く、結婚している男性自体が少ないので、離婚率は下がる（そもそも結婚していないと離婚ができない）、③離婚が多いのは、新婚1年以内と結婚7年目以降。ライフステージのうえでは「ポスト育児期」（脱育児期）の40代以降に増えるから、30代ではまだ〝離婚適齢期〟に到達していないからだろう。このひとたちが40代、50代になれば、離婚率は、現在の40代、50代以上に上昇していることが予測される。

50代から下の世代は、①死別による余儀ない「おひとりさま」だけでなく、離別による選択的な「おひとりさま」も増えていること、②結婚の安定性が低くなったことが特徴だ。離婚の選択といっても、選ぶのは圧倒的に女のほうから。**家裁への離婚の申し立て人の7割が女性**である。

女性側からの離婚申し立て理由のトップ・スリーは、1970年には、①（夫の）異性関係、②暴力をふるう、③性格が合わないだったのが、2007年には、①性格が合わない、②暴力をふるう、③異性関係へと順位が変化。昔の夫のほうが「品行が悪かった」わけではなく、昔もいまも夫の品行は変わらないが、それにかわって、「性格が合わない」というあいまいな理由で離婚にふみきるほど、女の側の離婚のハードルが下がったということだろう。最近の離婚の新しい傾向は、**子どもがいることや、子どもの年齢が幼いことが、離婚の抑止力にならなくなったこと**

である。

そしてだれもいなくなった

離別が増えれば、男シングルアゲインと女シングルアゲインが同じ数だけ生まれるリクツだ。だが、男シングルアゲインが、女シングルアゲインと決定的にちがうのは、**離別とともに男は家族のすべてを失うことだ。**

女のほうは、夫を失っても子どもは手放さない。日本では、結婚したカップルのほとんどに子どもがいる。というより、この国では子どもを持つことが結婚の理由になっているから、DINKS（Double Income No Kidsの略。子どものいない共働きカップルのこと）は、いまでも例外的である。

離婚したときに成人前の子どものいる割合は6割、そのうち妻に親権がわたるケースが約8割。日本の親権は単独親権で、共同親権を認めていないから、夫方か妻方か2つに1つを選ばなければならない。妻にしてみれば、もともと〝夫不在〟で〝母子家庭〟同様だった世帯が、ほんものの母子家庭になっただけのこと。経済的な問題さえなければ、夫というストレス源のなくなった母子家庭のほうが、まだましかもしれない。

日本の離婚における親権帰属には〝ナゾ〟がある。それは1966年に、夫方親権から妻方親権へと逆転したこと。

それ以前の離婚では、夫方親権のほうが圧倒的に多かった。つまり、離婚といえば、妻が婚家に子どもを置いて身ひとつで出ることを意味していた。もちろん残された夫が、父子家庭で子どもを育てたわけではない。夫方親権が可能だったのは、婚家に夫の母がいて、子育ての女手があったから。跡取りの子どもは置いて出て行け、というのが女にとっての離婚だったのだ。

多くの女が離婚を思いとどまったのは、子どもと生き別れになるのがイヤだったからという理由が大きい。妻方親権をともなう離婚が増えたのは、子どもをひきとればただちに生活苦が待っていたとしても、経済的な困難より、子どもと離れずにすむほうを、多くの女が選んだからである。

死別・離別のシングルアゲインが、ずーっとシングルとちがうところは、子どもがいるかいないか。日本では、子どもは老後の大きな〝資源〟と考えられている。女おひとりさまの多くは、死別・離別で夫がいなくても、子どもという「家族持ち」なのに対し、シングルアゲインの男性の事情はまったくちがってくる。男性は、離別とともに妻だけでなく子どもも失う。

離別の理由が「暴力」や「異性関係」の場合は、それ以前からきっと家族関係は悪かったと推察できるから、子どもは別れた父親と会いたがらない傾向がある。離婚を決心するまでの長い過程で、子どもは母親から、父親の悪口をさんざんふきこまれている。子どもがものごころつく年齢で、「お父さんとお母さん、別れることになったけど、おまえはどちらについていく？」とたずねて、父親を自発的に選ぶ子どもはめったにいない。それ以前に親らしいことをしたこともなければ、親子の絆《きずな》は育たないからだ。

「愛ある離婚」はなぜむずかしい

夫婦はもともと他人だが、親子は離婚しても親子。日本では共同親権が認められていないだけでなく、離婚した父親の面会権が強く主張されることも少ない。別れた父親が、もとの家族とここまで縁が切れてしまうのは、離婚のハードルが高く、憎悪の圧力がそうとう高まらないと離婚しにくい、という日本の離婚事情が背景にありそうだ。もっと気軽に「愛のある離婚」ができたら（何てったって、一度は愛したこともある相手なんだからね）、離婚後の接触だって、もっととりやすいのじゃないだろうか。

とはいえ、データをみると、離婚したあとの父親の無責任ぶりはひどい。

まだ成人していない子どもの養育費についてなんらかの取り決めをしているのは、別れた夫の約8割。だが、離婚がいちばん容易な協議離婚では、妻が「なーんにもいらないから、とにかく別れて」と慰謝料も財産分与も養育費も請求しないケースが多い。養育費を請求したとしても、せいぜい月額3~5万円が大半。それだって離婚後半年くらいまでは、約束どおり送金してくるが、やがて途絶えがちになり、1年後にはほとんど送ってこなくなる場合も多い。

再婚したらしたで、新しい家庭におカネがかかるので、もとの家族の優先度は下がる。ましてや失業やリストラで、自分の生活さえたちゆかなくなる男性もいる。

父親になった日本の男は、離婚とともにこんなにかんたんに〝子捨て〟をするので、離別した父親が高齢になってから、尾羽《おは》打ち枯らしてもとの家族を頼ってきても、子どもたちはめんどうをみる気持ちになれないだろう。

というわけで、日本では、離婚は男を家族からむきだしにして、あかはだかの「おひとりさま」にする傾向がある。結婚しても男性には、死別というリスクだけでなく、離別というリスクも待っていることを、この世代は覚悟しておいたほうがよい。

非婚シングル

40代前半から激増しているのが、非婚シングル。オス「負け犬」だ。

40～44歳の非婚率は28・6％、約4人に1人（2010年）。メス「負け犬」が増えているのだから、同じだけオス「負け犬」も、と思うが、人口学的にいえば、メス「負け犬」よりオス「負け犬」の数のほうが多い。もともと先進国では、男性のほうが女性より多く生まれ、その子どもたちの大半が無事オトナになるからである。

ちなみに先進国の自然出生性比（人工的な操作を加えないで生まれる男女児の比率）は、女児100に対して男児105。このまますんなり結婚適齢期になったとしたら、たとえ全員が結婚したとしても、男性の約20人に1人はあぶれる勘定だ。

この出生性比、中国では100対120。いくら男の子が大事といっても、この数字は異常だ。なにかある、とカングるほうが正しい。このまま成人すれば、約6人に1人の男性があぶれることになる。中国では、嫁不足を農村や外国からの花嫁で解消しているらしいが、そうなればさらに玉突き状態で農村の嫁不足が起きる。行き止まりには、トドのオスの群れみたいに、「結婚できない男たち」の集団がどこかにたまるんだろうか。

親が元気なうちはよいけれど……

対して、女性の非婚率は、40〜44歳で17・4％（2010年）。同年齢の男性より10ポイントも低い。30代から40代にかけて半減するから、たぶん40歳を目前に〝すべりこみセーフ〟で結婚する晩婚組が相当数いるのだろう。男性のほうは、35〜39歳で非婚率35・6％。このまま数値が持ち上がっていけば、**男性のおよそ3人に1人が生涯非婚者という時代がくるだろう。**

この世代の男性シングルは、社会学者の山田昌弘さんらの『未婚化社会の親子関係』（有斐閣選書、1997年）が調査対象にしたひとたち。調査を実施した1990年代の半ばに25〜39歳だった非婚シングルだ。そのうち、男性の6割、女性の7割が親に〝パラサイト〟していた。

当時、このひとたちには、家に母親という名の〝主婦〟がいて、「メシ・フロ・ネル」が可能になっていた。このひとたちがこのまま生涯、結婚しないとしたら、親と同居して一緒に歳をとっていくことになるだろう。親が元気なうちはよいが、要介護状態になったら？　そしていよいよ、自分自身が要介護になる順番が来たら？

想像するだに恐ろしいが、これからの男おひとりさまのメニューには、この生涯非婚者、ずーっとシングルの男性たちを対象にしたプランも、考えに入れておかなければならないだろう。

タイプ別に老後をシミュレーション

男おひとりさまのなり方に、死別シングル、離別シングル、非婚シングルがあることがわかった。それぞれがどんな老後を迎えるのか、プロフィールを具体的にスケッチしてみよう。

死別シングル・ヨーヘイさんの場合

ヨーヘイさんは82歳。4年前に、3歳年下の妻をがんで亡くした。それ以前から妻の闘病につきあっていたから、妻に先立たれることは覚悟していた。ローンを払い終わった持ち家は、妻がいなくなってから、がらんとしてものさびしい。庭の手入れもほったらかしで、草が伸び放題だ。娘2人、息子1人の3人の子どもたちが巣立ったあと、ひとりずつに与えた子ども部屋はどれも物置同様になり、一軒家をもてあましている。

もっとこぢんまりした使い勝手のよいアパートにでも住み替えたいが、この家は、妻と子育てをした思い出のある家。思い切ってローンを組んで購入した、男の甲斐《かい》性《しょう》の証《あかし》。愛着があって手放せない。そのうち、娘のうちのどちらかが、同居しようと言ってくれるかもしれないし……。

妻がいたときは、お正月には全員孫つきで集合して、家は民宿状態。広い家も狭く感じたものだった。嫁いだ娘たちも、しょっちゅう子どもを連れては訪ねてきていたが、自分ひとりになってからは、たまさか心配そうに手料理などを密閉容器に入れて運んでくれるくらい。お茶だけ飲んで、そそくさと帰る。もともとそりの合わなかった息子は、母親が亡くなってからは、めったに訪ねてこない。ましてや息子の選んだ嫁とは、たまにしか会わないので親しみがもてない。

勤め先は地元の企業だったが、定年まで勤め上げた。そのおかげで、ひとり暮らしにはじゅうぶんな額の年金が入ってくる。子どもたち、とりわけ息子に、アタマを下げて仕送りを頼まなくてもすんでいるのはそのおかげだ。それどころか、孫の誕生日や進入学には、そこそこの祝い事をしてやるのを、子どもたちはいまでもあてにしているようだ。孫は「じいじはプレゼントをくれるひと」と思っているようだが、ばあばのようにはなつかない。

もともとつきあいは狭く、口数も少ないほうだった。妻とふたりきりでいても、話ははずまず、いつもテレビをつけっぱなし。口をきかないのは苦にならないが、それも妻がそばにいる安心感があるからだということに、妻が亡くなってから気がついた。

ただでさえ少ない同性の友人たちからは、次々と訃報《ふほう》が届く。最近では、出るのがおっくうになって葬儀も欠礼している。それに同じ月に何件か重なると、香典もバカにならない。こんなに友人が少なくなると、自分の葬式にはいったい何人が来てくれるだろうと思う。妻のときには花輪がたくさん届いたが、あれは自分が生き残った側だったからだ。自分のときには、葬式はきっと身内だけのさみしいものになるだろう。

このところ、めっきり体力が落ちた。高血圧のクスリは手放せないし、糖尿病の気《け》もある。不整脈も出てきて、よろめくこともある。要介護認定を受けたら、と娘から言われている。だが、他人にこの家に入ってきてもらうのはごめんだ。このまま、この家でひとりで暮らしていけるか不安がつのる。

だが、娘たちも息子も、「お父さん、一緒に暮らそうね」とは言いだしそうもない。どうやら子どもたちは、父親を入れる老人ホームの相談を始めたようだ……。

離別シングル・コージさんの場合

コージさんは64歳。20年前に同い年の妻と離婚した。

離婚した当時、15歳と12歳になるふたりの娘がいた。原因はコージさんの何度目かの浮気。業界誌の記者だったコージさんは、結婚前も結婚後も、女の噂が絶えなかった。妻は大目にみてくれていると考えていたのが、甘かった。

下の子を中学校に入れてから、妻は本格的に仕事に復帰する態勢をつくり、それまで続けていたパートをフルタイムに変えた。どうやら折をみて切り出そうと、機をうかがっていたらしい。気づいたときには準備万端整っていた。軽い気持ちで始めた浮気だったが、妻の決意は固く、「反省するから許してくれ」と謝ったのに、よりを戻すのは無理だった。

それまでのあいだに、妻はふたりの娘をすっかり味方につけており、思春期の娘たちからは、「お父さん、フケツ」と言われて、相手にしてもらえない。小さいときは風呂に入れたり、自分なりにかわいがったつもりだったのに。もう少し大きくなったら、連れ歩いて恋人気分でも味わおうと思っていた矢先に、むずかしい年齢だったのだろう、オトナの世界はまだ娘たちにはわからなかったようだ。

妻はとにかく別れたい、の一点張り。なにもいらないから、その代わり子どもたちの学費だけは出してくれというので、その約束をした。下の娘が大学を卒業するまでの約束を果たして、肩の荷がおりた。上の娘が数年前に結婚したという知らせを受けたが、結婚式の招待は来なかった。妻は子どもたちを育て上げてから再婚したらしい。その再婚相手が娘の父親として結婚式に出るので、コージさんを呼ぶのは具合が悪かったのだろう。

あれからも女の出入りはあったし、一時はシングルの自由を謳歌しているような気にもなったが、どの女ともいまさら家庭を持つ気にはなれなかった。気がついたら、髪に白いものが目立つようになっていた。

不況で業界全体が傾き、その業界に寄生していた業界誌も不振をきわめた。会社は大胆な縮小案を出してきた。早期定年に応じれば、退職金を上積みするという条件だ。会社が傾いて退職金も出せなくなる前にと考えて、2年早い58歳で早期定年を選んだ。しばらくは退職金と失業保険でのんびりしようと考えたが、年金を受けとる年齢まで、まだしばらくある。

業界誌の記者として、取材して記事を書くのもおもしろかったし、経営者にインタビューするのも楽しかった。仕事を趣味のようにしてきたので、仕事がなくなるとなにをしてよいか、とほうにくれた。業界誌の「元記者」の肩書きは、なんの役にも立たない。知り合いに頼んで、アルバイトでフリーライターのような仕事をしようかと思ったが、どうも若いライターのほうが使いやすいらしく、歳をくった彼のところには仕事がまわってこない。

それよりなによりメディア環境がすっかり変わって、紙媒体がどの分野でもじり貧になっていた。会社に残った連中だけでも青息吐息なのに、彼のように辞めた人間のところまで、まわす仕事もなさそうだ。

それればかりか、退職金をうまく食い逃げしやがって、というやっかみの視線も感じ、昔の仲間に声をかけるのははばかられる。家族持ちの旧友たちからは同情の視線を感じるし、気がついたら、気楽に声をかけてつきあってくれそうな同性の仲間がだれもいない。女はコージさんの煮え切らない態度に愛想づかしをして、ひとり去り、ふたり去りしていった。

このところ、朝起きてもアタマが重い。行くあてはないし、ひとに会うのもおっくうだ。かつての生活にくらべれば、時間的にも肉体的にも余裕のある暮らしなのに、だるさがなくならない。これが初老期うつ病というものか、と思うが、精神科の敷居をまたぐ気にはなれない。ましてや病名を診断されたら、もっと気分が落ちこむだろう。

これでカラダをこわしたら、だれに声をかければいいのだろうか。かつての家族たちは、それぞれの人生を歩んでいて、昔の夫や父親のことなど、自分のココロから追い出しているだろう……。

非婚シングル・キヨシさんの場合

キヨシさんは54歳。末っ子でお母さん子として育ってきた。大学入学を機に都会へ出て、いったんそこで就職したが、勤め先は不況で倒産。父親が高齢になりつつあり、母親が心細がって「帰っておいで」というので、40代で地元に戻った。ひとり者だったので、Uターンも気楽にできた。

そのとき間にあわせに世話してもらった現在の勤め先に、そのままずるずると10年以上居つづけた。典型的な同族会社で、おやじさんのほかには、社員といえばパートの女性事務員と自分だけ。10年前からいっこうに昇給しないが、おやじさんのふところ具合を知っているから、無理はいえない。

会社のおやじさんには実の息子がいるが、出ていったきり後継者になる気はなさそうだ。不況で業績がじりじり後退し、おやじさんが商売をたたもうかと思っているふしが伝わる。後継を託される可能性はないが、託されてもこの業種に未来はないだろう。息子でなくてよかったと思うが、仕事がなくなったら、いい歳をして特別の才能もない自分を雇ってくれるところなど、この田舎にはないだろうと思う。

地元には仕事がないので、高校時代の友だちは、ほとんど都会へ出て行った。自分のようなUターン組は「負け組」扱いされるので、町へ出てもおもしろくない。

帰った直後には、「お父さんとふたりじゃ間がもたない」とこぼしていた母親は、はりきって自分の好物をつくってくれたりして、それなりに元気だった。それから間もなく父親が脳梗塞で倒れ、母親と一緒に看病して見送った。「あんたがいてくれたおかげ」と、母親には感謝された。

母親と自分がいるから安心したのか、都会に出ている兄と姉たちは、ときたま孫を連れて見舞いに来る程度で、ちっとも戦力にはならなかった。葬式が終わったら、来る回数もめっきり減ったような気がする。父を見送ってからは、母親がすっかり老けこみ、最近はもの忘れもひどくなった。

母親の年金と自分の給料で食うのがやっと。父親が残してくれた古い家があるので、なんとか食べていける。この家も老朽化して、雨樋《あまどい》の修理だの、配水管のつけかえだので、まとまったカネがいる。母親が亡くなったら、と思うと心配でいてもたってもいられない。

無理解な夫に尽くしたように、末っ子の自分にも、母親がまめまめしく尽くしてくれたおかげで、なんの不自由も感じずに来た。帰ればフロはわいていたし、メシの用意もあった。洗濯物もたたんで置いてあった。結婚など考えずにすんだ。ときどき顔を合わせる近所のおばさんのものめずらしげな視線がイヤだったが、見合いの話をもってきてくれるひともいなかったし、若い女は都会へ出ていき残っていなかった。

出戻りの女とつきあったこともあるが気圧《けお》されたし、若い女は気が強くてイヤだった。それに、自分がこの歳になるまで童貞だということを言い出せなかった。いや、風俗での経験はあるが、しろうとの女性と性経験のない男を「しろうと童貞」と呼ぶことを知った。しろうとの女はなにを考えているかわからないので、めんどうくさい。気が向くと隣町のレンタルショップでアダルトＤＶＤを借りてくるくらい。女がいなくても、べつに不自由はない。

母親が認知症になったり、寝たきりになったら、どうしたらいいのだろう。家のなかのことはなにもしたことがない。お茶も自分でいれなかったおやじと同じだ。つい先日も、母親が数日検査入院したときは、毎日コンビニ弁当を食べて過ごした。カネ、家事、介護……不安だらけだが、なるべく考えないようにしている。定年までいまの仕事が続きそうにも思えないし、自分の老後はどうなるのだろう。ほとんどなつかない甥や姪がめんどうをみてくれるとも思えない……。

男性に「おひとりさま耐性」はあるか

これらのプロフィールは、いささか戯画化して描き出したもの。**自分はこのタイプのどれにもあてはまらない、と思えたら合格。**

以上のようなタイプ分けは、年齢や世代と直接対応しているわけではない。どの世代にも、これら3つのタイプが少しずつまじりあっていて、その割合がちがうだけである。こんなうれしくもないタイプ分けをするのも、男おひとりさまは、死別・離別・非婚と、ひとりになるなり方によって、生活、価値観、交友関係、ライフスタイルなどが大きくちがっていそうだからだ。おひとりさま同士だからといって、お互いに友だちになれるとも思えない。

それに女性にくらべて、困難な課題も多そう。**だから、男おひとりさまについて**

書くのはイヤだって言ったでしょ。話がなかなか明るくならないからだ。

これだから男はややこしい。女は、ずーっとシングルも死別・離別のシングルアゲインも、なってしまえばみな同じだが、男はそうではないからだ。女なら非婚シングルだって、だれもいない家で自分のために〝主婦してる〟ことに変わりはないし、暮らしの作法やスキル（技能）は身についている。既婚女性だって、だんだんひとりになる家族の縮小を経験しているし、子どもがいてもすでに成人して別居していれば、ひとり暮らしの日常は同じ。

そうはいっても、男に「おひとりさま耐性」がないわけではない。

転勤を経験している大企業サラリーマンのうち、約半数に単身赴任の経験あり、というデータもある。ひとり暮らしの不如意《ふにょい》だけでなく、おひとりさまの解放感を味わったことのある男性もいるはずだ。それに、ひとり暮らし経験のある男性は、必要に迫られてか、けっこうまめでもある。配偶者に選ぶなら、ひとり暮らし経験のある男性にかぎる、という調査データもある。

はたして、男おひとりさまのサバイバル術は、女とどうちがうのだろう。

男が介護を引き受けるとき

死別の〝番狂わせ〟もあるが、介護の〝番狂わせ〟もある。

妻との死別・離別はもとより、男は自分が介護される立場になることをほとんど想像していないが、介護する側になることは、もっと想像していない。

だが、データは、男も介護者になることを示している。

40代から女性の乳がん罹患率はぐんと増えるし、認知症を発症する女性もいる。難病や慢性病で長い闘病生活に入った妻を、看護する立場に立たされる男性もいる。乳がんの見つかった患者の問診で、医者から「だんなさんがついていながら、こんなになるまでどうして見つからなかったんですか」と叱責されたというエピソードがある。夫は妻の乳もみ担当（?）と、思われているようだが、セックスレスになって久しい夫婦もいる。それでも夫婦がそろっているうちは、夫婦のあいだで看護や介護を引き受けるのがあたりまえ、になってきた。

増えている男性の家族介護者

このところ増えているのが、家族介護者の男性比率。2012年版の高齢社会白書をみると、同居の家族介護者の30・6%が男性と知って、おどろいた。**在宅で家族を介護しているひとの3人に1人近くが男性**ということになる。

続柄でみると、いちばん多いのが夫、次に息子。婿は皆無に近い。

高齢者の子どもとの同居率が低下し夫婦世帯が増えているから、どちらかが倒れても、夫婦のあいだだけでなんとかしようという習慣が短期間のうちに定着した。子世代は手を出さないし、仮に出したくても遠くにいて手を出せないケースが多い。**夫婦世帯の妻の側からも、希望する介護者の続柄として、娘や嫁よりも「配偶者」の優先順位が高くなった**。ただしこの選択は、夫婦関係がよい場合にかぎる。

10年ほど前に、現役の高槻市長だった江村利雄さんが、妻の介護のために市長職を辞したという報道があった。「市長には代わりがいるが、妻には自分の代わりがいないから」というのが辞職の理由だ。

美談として報道されたようだが、自分の市の職員にも、家族が要介護になったら退職をすすめるのだろうか。市長としての責任は、要介護状態の家族がいても、だれもが安心して働きつづけられるしくみづくりにあると思うのだが。自分が率先して辞めるようでは、自分のところの自治体に、家族介護に代わる安心のしくみがないということを、みずから認めているようなものだ。

男の介護も希少価値のあるうちは美談になるが、同居の家族介護者のおよそ3人に1人近くが男性となれば、もはや例外とはいえない。この割合は、男性の育児休暇取得率（2011年で2・63％）よりはるかに高い。男は自分の子どもを育てるために仕事を休んだりはしないが、家族の介護は積極的に引き受けるようだ。

男が介護を引き受けるのは、どんなときか。

多くの男性家族介護者が介護を選ぶ理由は、自分が無職であること、定年退職者であることが条件である。現役世代が介護退職を選ぶケースは少ない。妻の介護や医療の費用を捻出《ねんしゆつ》するためにも、働くことをやめるわけにはいかない。そういうときには、病院に入院させたり、家政婦さんにお願いしたりして、おカネで外注することになる。女性が〝介護退職〟を選ぶのとは対照的である。

夫に介護される妻は幸せか

ここでは高齢の夫婦の場合に、話をかぎろう。

「だんなさまにお世話をしていただけるなんて、お幸せねえ」と、夫の介護は美談になりがちだ。周囲は夫を「よくできただんなさまねえ」とほめそやすし、「奥さま、お幸せね」と、妻を羨望《せんぼう》する。ところで、こういう夫に介護される妻のほうは、ホントに「お幸せ」なのだろうか、というのが疑りぶかいわたしの疑問だった。

イギリスのクレア・アンガーソンという研究者は、「男が家族介護者を引き受けるとき」についての詳細な事例研究を行っている（『ジェンダーと家族介護――政府の政策と個人の生活』光生館、1999年）。その研究によれば、妻の介護は、定年で仕事を失った男性にとって、仕事に代わる新たな熱中の対象として選ばれることがあるという。場合によっては、長年苦労をかけた妻に、ここぞとばかり負債を返す贖罪《しょくざい》意識から、介護を引き受ける夫もいるようだ。

家族社会学者の笹谷春美さんは、日本で実際に妻の介護を引き受けた高齢の夫の事例を研究対象にした（「家族ケアリングをめぐるジェンダー関係」鎌田とし子・矢澤澄子・木本喜美子編『講座社会学14　ジェンダー』東京大学出版会、1999年）。

定年後の夫は、妻が要介護になると、使命感を感じて、「オレの出番！」とがんばる場合がある。仕事で培ったノウハウや経験を生かし、妻の服薬管理や生活管理、ヘルパーさんの手配やケアマネージャーとの交渉など、てきぱきとこなすのは、社会経験のない女性より、ずっとうまい。妻の体調管理が生きがいとなり、毎朝体温と血圧を測って、パソコンに記録を入力したり、インターネットで情報収集をしていろんな介護法や看護法をためしてみたりする。

笹谷さんはこういうタイプの夫の介護を「介護者主導型介護」と呼ぶ。つまり、介護が夫主導になり、介護される側の妻がそれに文句もいわず従わなければならない傾向があるということだ。もともと依存的だった妻が、病気や介護で、もっと完全に自分に依存的な存在になる。かくして自分の存在理由は高まり、妻に対する支配力は強まり、「愛情」という名のもとにますます美化される。

強まる妻への支配力

介護される側になるということは、立場を問わず不如意なことが多いものだ。「よい介護」とは、なんといっても介護される側にとって受けたい介護のこと。夫に介護されている妻は、介護に不満があっても、文句をいうのははばかられることだろう。「お父さんのお世話をする」のが妻の役割なのに、それが果たせないばかりか、立場が逆転して夫にお世話をかけているという引け目から、身の置きどころのない思いをしている妻は多いはずだ。そのうえ文句をいうなんて論外……。

介護や医療の方針が食いちがったときなど、介護を受けている妻が、夫に異を立てるのはむずかしい。「お父さんのいいように」と、自分を人体実験の材料であるかのようにさしだす妻もいる。そうなれば、ほとんど「介護されるボランティア」みたいなもの。

いやいや、男の介護に水をかけようというわけではない。介護は、する側とされる側とで、強者と弱者の力関係ができる。なんてったって、介護する側のほうが強い。嫁のようないちばん従属的な立場の家族にみてもらっていても、カネを払ったヘルパーさんにみてもらっていても、やっぱりそうだ。ただでさえ強い立場にいる介護者に、もともと強い立場にいた夫がなるとどうなるか、が問題なのだ。

介護は、介護される側がどうしてもらいたいかが基本。介護する側が主導になってはいけない。男の介護の落とし穴はここ。男性介護者には自戒してもらいたいものだ。愛する夫に介護してもらうのはうれしいが、「わたしのキモチにそってよね」というのは、セックスと同じだろう。

老老介護がひきおこす悲劇

男の介護は悲劇もひきおこす。

孤立して追いつめられた〝老老介護〟は、妻が夫を看ている場合も、夫が妻を看ている場合も同じ。「いっそ、ひと思いに……」と思った介護者だって少なくないだろうが、問題は夫はそれを実行に移すことだ。

2009年9月、寝たきりの妻（60歳）を介護していた夫（63歳）の殺人未遂事件の初公判が報道された。「妻を殺して自分も」と思って妻を手にかけたが果たせず、その後、死にきれずに殺人未遂の罪に問われた。夫は「妻を愛していた」というし、妻も厳罰をのぞまなかったというが、これが「愛」というものだろうか。

追いつめられた親の「一家心中」は、最近では「親の子殺し」プラス「本人の自殺」と分けて考えられるようになった。自殺したいほど絶望した親がひとりで死ぬのは勝手。子どもを道づれにする理由はない。それというのも、「この子を残して死ねない」というまちがった〝所有意識〟から子殺しが起きる。自分が死んでもこの子は生きていける、だれかがめんどうをみてくれる……と信じることができれば、子どもを残して自分だけ死ねばよい。

それから考えると、この夫も、妻に対して「愛」という名の〝所有意識〟をもっていたのではないだろうか。自分がいなくてもだれかが妻のめんどうをみてくれる、という社会に対する信頼関係さえあれば、安心して死んでいけるのに。そんなにつらければ第三者に助けを求めることもできるし、いっそ離婚して妻を生活保護世帯にして公的援助を求めることもできる。介護保険のスタートから10年近くたって、この男性にさまざまな支援のメニューを教えてあげるひとは周囲にいなかったのだろうか。

妻が夫を介護する際の介護虐待は事例があるが、介護殺人となると、その加害者の多くが男性で、被害者は女性が多い。要介護になったら女はおちおち安心して寝てもいられない、介護者に殺されるかもしれないから、というのは、データをみると杞憂《きゆう》ではすまされないとわかる。

セックスは封印？

「いつまで、できるのか？」という男性のセックス現役志向は〝悲願〟といってよいほど強そうだが、妻が寝たきりになったら、〝家事要員〟がいなくなるだけではない。〝ベッド要員〟のほうはどうなるか。

60代、70代の男おひとりさまのセックス現役率は、けっして低くない。産婦人科医の大川玲子さんたちのグループが調査した結果によると、男おひとりさまでも、60代の60％に交際相手がいる。70代になると49％に落ちるが、それでも約半数。かえって50代で36％、40代で24％と、70代より交際相手のいる割合が低いのは、若い世代の男おひとりさまが「非モテ」系の非婚シングルであることを示唆《しさ》する（日本性科学会セクシュアリティ研究会編著『カラダと気持ち――シングル版』三五館、2007年）。

「奥さまはそりゃお幸せでしょうけど」

アキラさんは、50代後半の既婚男性。妻が難病で寝たきりになり、夫が多忙な仕事のあいまを縫って介護にあたる、うるわしい夫婦愛の物語の主人公だ。子どもたちはすでに独立し、夫婦ふたりだけ。収入は悪くないから、通いの家政婦さんの手配などはすべて自分で仕切り、夜は彼が妻のめんどうをみている。

このカップルを実際に知っているさる方が、こうコメントしたのを耳にした。

「奥さまはそりゃお幸せでしょうけど、彼が痛ましくて。50代の男盛りに、自分の性を封印して過ごさなきゃならないなんて……」

おやおや。セックスは夫婦限定、とこの方は思っておられた様子。わたしだったら、こんな妻思いのステキな男性の愛人になって、「キミがいてくれるおかげで、ボクは彼女の介護にうちこめるんだ」と言わせてあげるのに。おひとりさまはこういうとき、ホントに自由だ。というわたしは、いったい男の味方で、女の敵、なんだろうか？

60代、70代でも性欲はある。寝たきりの妻を〝介護強姦〟する夫だっているだろう。要介護度が重度の在宅の女性がレイプされたケースが報告されているし、老人ホームで同じ入居者の男性からレイプされた寝たきりの女性もいる。データからみるかぎり、レイプの対象に〝賞味期限切れ〟は存在しないようだ。

夫婦の情は性愛とはべつ

性愛に〝賞味期限切れ〟はない。寝たきりや認知症になっても、異性と添い寝したり、スキンシップをすることの効果は知られているのだから、高齢者も性器の結合にとらわれない、多様な性愛のありかたを工夫したらよいと思う。

それ以前に、一生もののセックス契約である結婚を、高齢になったら仕切り直して契約解除してしまってもよいのではないか、とおひとりさまのわたしなどは思うが。

同志としての夫婦愛や、長年連れ添った情は、性愛とはまたべつ。

そう思えば、もともと他人だった夫婦が、性別を問わず一方が倒れたら他方のめんどうをみるという夫婦間介護があたりまえになりつつある現在の趨勢《すうせい》そのものが、「家族介護」の神話を打ち破るものだとわたしには思える。

血がつながっているから、育ててくれたから、介護するのではない。他人同士だったが、選び合ったから、最後まであなたの生に責任をもつ。あなたの死を見届けたい。そう思ってもらえる相手がいることは、いないよりずっと幸せなことにはちがいない。だが、その関係から、「終身セックス契約」を引き算してもよいだろう。そんなことなら、ボク、とっくに実践していますよ、という男性は多そうだが。

それよりなにより、こういう関係は、「契約書」で成りたつわけではない。妻の夫に対する介護は義務感からのこともあるが、夫の妻に対する介護は義務感だけではできない。なぜなら妻が要介護状態になっても、すべての夫が介護者を引き受けるわけではないからである。夫が妻の介護を引き受けるとき、そのなかには、「ほかに介護者がいない」という理由だけでなく、「愛情」要因が含まれていることを、笹谷さんの調査は示している。それだけでなく、夫が妻の介護を引き受けるということは、裏返しにいえば、妻が夫の介護に身をゆだねることに合意すること、でもある。

夫に自分のカラダを触られるのはぜったいイヤ、という妻もいる。夫による妻の介護が成りたつためには、妻が倒れる以前に、夫婦関係がよいという条件があることだけはたしかだろう。

息子の介護

夫の介護ばかりでなく、息子の介護はどうか、と思ったら、これも徐々に増えている。というのも、先に述べたように、高齢者とその未婚の息子からなる世帯が漸《ぜん》増《ぞう》傾向にあるからだ。たいがいは女性のほうが長生きだから、こういう世帯はいずれ、高齢の女性とその初老の息子からなる世帯となる。ほかに家族がいなければ、同居の息子が介護者になるのは自然だろう。これまでも最後まで家に残った未婚の娘が、親の介護要員となってきた。出戻りの娘でも、家にいるシングルの娘が介護要員として期待される。それが最近では性別を問わなくなった。

2004年に芥川賞を受賞した、モブ・ノリオさんの『介護入門』（文藝春秋、2004年／文春文庫、2007年）は、シングルマザーの母と無職の息子、祖母からみたら孫にあたる主人公が、寝たきりのばあちゃんを介護するというストーリー。家に人手があれば、その人手が無職なら、娘だ息子だといっていられない。息子だからといって、介護を免責されるわけではないのだ。前述の男おひとりさまの例でいえば、非婚シングルのキヨシさんはいずれ、母親の介護を引き受けることになるだろう。

他人の嫁より、実の息子

母親は、実の息子に世話をしてもらうのはイヤだろうって？

これまでは、介護は同性で、が原則だった。佐江衆一さんの『黄落《こうらく》』（新潮社、1995年／新潮文庫、1999年）には、寝たきりの母親のおむつを、慣れない手つきで交換しようとする息子の話が出てくる。むつきを交換されながら、母親は顔をそむけてかすかに足を動かす。「自分が生まれ出たところ」を目にした息子のとまどいと、それを息子に見られまいとする高齢の母親の恥じらいとが、抒情的な筆致で描かれる。

だが介護現場の実感からは、この描写だって牧歌的だろう。ほかに妻という代替要員がいるからこその「とまどい」であり、「恥じらい」だからだ。

わたしの古い友人のツトムくんは、幼いころに父を亡くして、母ひとり子ひとり。母親を看とってからは、天涯孤独になった。介護保険もなかったころのこと、末期の母のシモの世話を自分がした、と語った。「抵抗は？」と聞いたら、「そんなもの、感じる余裕はなかった」ときっぱり。

介護施設では「同性介護」が基本だが、それも男性介護士が女性を介護することへの抵抗感から。その逆で、女性介護士が男性を介護する場合には、だれも同性介護うんぬんとうるさいことは言わない。女が男のお世話をするのは、だれもが当然視しているからだ。だから娘が父親のお世話をするのも、もともと他人である嫁が義父のお世話をするのも、だれも「抵抗」など感じずにきたのだ。

ところが内閣府が２００６年に実施した意識調査によると、希望する介護者の続柄の優先順位は、嫁より息子のほうが高い。１位が配偶者、２位が娘、３位は息子である。息子夫婦がいても別居していれば、嫁になじみはない。もともと他人の嫁より、肉親の息子のほうが、となるのだろう。ただし、期待された息子が期待どおりの介護をやってくれるかどうかはわからない。

男は介護ができない？

山田昌弘さんに「男に高齢者介護はできない？」（『家族のリストラクチュアリング』新曜社、１９９９年）という挑発的なタイトルの論文がある。山田さんの調査によると、要介護になったとき、だれから介護を受けることに「抵抗を感じる」かという質問に対し、男性は、婿、嫁、若い女性介護士、若い男性介護士、中年男性介護士、息子、娘、中年女性介護士の順に「抵抗を感じる」と回答。いっぽう女性は、婿、若い男性介護士、中年男性介護士、嫁、息子、若い女性介護士、娘、中年女性介護士の順。選択肢に親族と姻族（結婚によりできた親戚）、娘と息子、それに年齢という8通りの組み合わせを入れたアイディアが卓抜だった。こんなシンプルな調査からおもしろいことがわかる。

結果は、男女とも「婿」にもっとも「抵抗を感じる」のは共通しているが、「嫁」の介護に対する抵抗もそうとうに強い。男性は、嫁に介護を受けるくらいなら、他人に世話してもらうほうがまし、と思っているようだし、男女とも嫁より実の息子のほうがまだまし、と思っていることがわかる。

双方ともに「もっとも抵抗を感じない」のが「中年女性介護士」、次に「娘」。抵抗を感じないからといって、娘というだけで介護要員扱いしてもらっては困るが、この調査結果がおもしろいのは、「女性介護士」の順位が年齢でいちじるしくちがうこと。女性にとっては若くても若くなくてもほとんど変化がないが、男性の場合には、「若い女性介護士」に対する抵抗感が急上昇する。「中年女性介護士」への抵抗感は最下位なのだから、これって「異性介護」に対する抵抗感ではなく、「若い女」をよほど意識しているってことだろうか。裏返しにいえば、「中年の女」は、「女」のなかに入らないいってこと？　オヤジのホンネがのぞく。

この調査結果にもとづいて、山田さんは、「男に高齢者介護はできない」と結論を導く。なぜって要介護者本人がいやがるから。ホントだろうか？

この調査の致命的な欠陥は、選択肢に「配偶者」が入っていないこと。配偶者による介護は、もちろんのこと異性介護になる。彼が調査した１９９０年代には「夫の介護」はまだまだ少数だったのだろう。だが、もし「配偶者」を選択肢に入れたら？　いまならきっと性別を問わず「抵抗を感じない」のトップに来るだろう。

シングルの息子と同居するリスク

非婚シングルの息子は、いずれは介護要員になる。だが、高齢者虐待調査のデータが示すのは、いまや虐待の加害者のトップにくるのが実の息子だという事実。

主な高齢者虐待には、①身体的虐待、②心理的虐待、③介護放棄、④経済的虐待の４種類があり、この順番に多い。④経済的虐待とは、年金パラサイトである。

問題なのは被害者、多くは母親にその自覚がなく、第三者の介入を拒んで助けを求めないことだ。いくつになっても子どものめんどうをみるのは母親の責任と思い、息子をこんなふうにしたのも自分のせい、とわが身を責める。

民生委員やケアマネージャーが見かねて介護保険の利用や入院をすすめても、玄関にたちはだかって、「ウチにはいらん」と拒否するのも息子。年金が減るのをイヤがるからだ。深刻な床ずれや医療的処置を必要とするような場合でも、放置される。みすみす死期を早めることになるのを、家族がいるばかりに、よそから介入できずに見過ごすこともある。

こういう「処遇困難事例」を研究対象にしているのが家族社会学者の春日キスヨさんだ。「だって年金にパラサイトしているんなら、一日でも長生きしてもらうほうがいいから、大事にするんじゃないの？　それを虐待だなんて」と聞いたら、「そうなのよ、それなのに虐待するのよ」という答え。もう若くないシングルの息子のほうも孤立しており、追いつめられて余裕がないのだという。

世帯分離をしていっそ「おひとりさま」になってもらったほうがよほど介入しやすいのに、というのが「処遇困難事例」にかかわる専門家の意見だが、世帯分離を恐れているのは息子のほう。年金をあてにできなくなるからだ。

老後、シングルの息子と同居するのはもっとも虐待リスクの高い選択になった。息子がいてよかったか、それともいないほうがよかったか。家族持ちでない「負け犬」おひとりさまのわたしなどは、息子のいる幸せも味わわなかった代わり、息子のいるリスクも持たずにすむ。

妻に先立たれるとき

配偶者に死に別れたあとの平均生存期間は、妻が約10年間、夫が約3年間。夫のほうが圧倒的に短い。とはいえ、男性シングルと有配偶者をくらべた平均寿命をみると、**夫婦そろっているほうがシングルより長生きすることがわかっている**。生活のうえでも、情緒のうえでも、妻のいる男性はシングルの男性より、ずっと安定したストレスの少ない状態にあることを各種のデータは示している。

その反対に、女性の既婚者はストレスをかかえる傾向があるようだ。調査をみると、「夫がストレスになる」と答える妻は約6割。となると、男性は妻がいるほうが長生きし、女性は夫がいないほうが長生きするのだろうか。配偶者と死別したあとの、男女の平均生存期間の長さのちがいは、そんなところにも原因がありそうだ。

叶わなかった母の願い

わたしの父は、子どもの目からみても、200パーセント、母に依存していた。生活のうえでもタテのものをヨコにもしない男だったし、感情のうえでも「お友だちいない系」だったから、家族だけが人間関係のすべてのような暮らしをしていた。

ヘンクツで狷介《けんかい》な男だった父に対して、母はつねひごろ、「お父さんみたいなひとと一緒にいられるのは、わたしくらいなものよ」と言いつづけていたものだ。兄と弟、それにわたしの3人の子どもたちは、一日でもよいから母が父より長生きしてくれることを祈るように願っていた。父がひとりでこの世に残されることを想像するのは（もちろん本人がいちばんそれを恐れていたと思うが）、子どもたちにとっても、あまりに恐ろしかったからだ。

ただしこの「心理的依存」は、愛情と同じとはかぎらない。父が母に依存していたことは100パーセントたしかだし、本人はそれを「愛」だと思っていたかもしれないが、母のほうがそう思っていたかどうかはわからない。そこが「愛」の非対称性のまかふしぎなところだ。

母にとっては、それはたんに父の執着や支配の別名だったかもしれない。子どもの目には、彼ら夫婦が「愛し合っていた」とは、どうにも思えなかった。その証拠には、母のほうが、「お父さんより一日でもいいから長生きしたい」と願っていたからだ。

そのココロは、「お父さんのいない、天井のぬけたような青空を一日でもいいから経験して死にたい」ということだった。

　彼女は35年間にわたって気の強い姑に仕え、姑を見送ったあと、しばらく虚脱状態におちいったが、その後は重しがとれたようなはればれした顔で暮らした。父が亡くなっても、同じように2番目の重しがとれた、と感じたかもしれない。だが、残念ながら、母の願いは叶わなかった。

息子に弱音は吐けない

　子どもたちは父より母が長生きすることを希望し、母自身もそれをのぞみ、だれよりも父がそれを切望したのに、現実は無情だった。母は70代の半ばに乳がんがもとで死亡。母の死の前後の父の混乱と悲嘆は、なみたいていのものでなかった。母が死ぬことにいちばん動転していたのは、彼だったと思う。

　わたしたち子どもは、父の余命が長くないのではないかと案じたが、おっとどっこい、彼はそのあと10年もひとりで生きた。触れたことのない電気釜でごはんを炊くことを覚え、ゆで卵を5つまとめて茹《ゆ》でてはひとつずつ温め直して食べる、という生活技術を身につけて。いやあ、人間はいくつになっても変われるもんだ、と感心したものだ。ゆで卵をひとつずつ茹でるのはめんどうなもの。まとめて茹でることまではだれでも考えつくが、冷蔵庫に保存して冷たくなった卵を食べるのはわびしい。ゆで卵をそのつど温め直す、というワザは父からはじめて聞いた。

問題は、こういう暮らしのディテールをことこまかに報告するのが、兄や弟たちではなく、わたしに対してだけであったこと。つまり、彼は彼なりのやり方で、娘のわたしの同情を買っていたんですね。でもこういう弱音は、ついに息子たちには吐かなかった。だって兄弟たちにこのエピソードを話したら、「そんなこと、聞いたこともない」って言ったから。息子に対してはプライドがあったのだろう。

もうひとつのエピソード。母が死ぬまで病室にしていた部屋を、生前のままの状態にしておき、眠れぬ夜に起き出しては部屋の扉を開け、闇に向かって、「ママー、ママー」と妻を呼んで泣いたという話も、彼は娘のわたしにしかしなかった。

雨戸を閉めてひきこもりの日々

「おひとりさま」の父の10年は、孤独とひきこもりの日々だった。つねに雨戸を固く閉めて、来客の声にも応えず、お正月の家族の集まりにも出てこなかった。

金沢の冬は、雪が深い。ひと晩で数十センチの積雪があると、玄関から道路まで除雪をしなければ、表には出られない。それさえしないで、父は――除雪するだけの体力もなかったのだが——冬眠同様の冬ごもりをした。

近くに住む兄や兄の妻が心配して、食べ物を持って訪ねても、雨戸を開けずに追い返したりさえした。頼みこんでよその方にお手伝いに来ていただこうとしたら、玄関に仁王立ちになって、「お断りします」と言い放った。

いまから思えば、高齢期ひきこもり、老年うつ病の典型だったような気がするが、子どもにしてみれば、扱いにくいことこのうえもなかった。こういう性格だから、3人の子どもがいても、どの子どもとも同居の選択肢はなかった。

わたしにしてからが、あの親と同居するのだけは、ぜーったいイヤだったものね。カワイソーだけど、自業自得でもある。同居していたら、かならず親子の葛藤と対立から、憎しみが生まれていた。たいへんだったけど、愛情をもちながら介護できたのは、遠距離介護ならではのこと。これがもし残ったのが母だったら、子どもたちのうちのだれかが同居を申し出ていたかもしれない。

生き抜いた妻に恥じないように

ジャーナリストの田原総一朗さんは、最愛の妻をがんで失った。闘病中に『私たちの愛』（講談社、2003年）という、まるで相聞歌《そうもんか》のような夫婦愛の本を共著で執筆。帯には「ぼくは君が死んだら、すぐに後を追うよ」とあった。節子さんが亡くなっても、総一朗さんは死んでないじゃないかと揶揄《やゆ》する向きもあるようだが、わたしはそういう気になれない。節子さんは、がんとともに、生きて、生き抜いた。テレビの創業時代、美貌のアナウンサーだった節子さんが、「容貌の衰え」を理由に番組から降ろされたのが、40歳のとき。それを不服として、会社を相手どり裁判に訴えて闘ってきた筋金入りの働く女性だ。総一朗さんはそんな節子さんを愛し、尊敬し、最初の妻の死後に再婚した。

節子さんは、がんになってからの生き方もすばらしかった。多くのがん患者と出会い、自分でも病に苦しみながら、彼らの力になった。これほどの生き方を示してくれた妻のあとを追っては、妻に申しわけないだろう。残された者のつとめは、生き抜いた彼女に恥じないように、なにがあっても自分も最後まで生き抜くことでしかない。総一朗さんは、そう思い定めたように思える。わたしは田原さんとは政治的な信条をともにしないが、これほどの夫婦の同志愛はみごとだと思える。

女のほうが立ち直りは早い

死別おひとりさまが、男か女かは大ちがいだ。女性のほうは、男性ほどの喪失感に苦しまないようだ。もちろん配偶者を失って、打撃から立ち直れなかったり、うつ状態になる女性は何人もいる。おもしろいのは、それがかならずしも仲のよかった夫婦とはかぎらないこと。会うたびに夫のグチをこぼしていた女性が、夫に先立たれて虚脱状態になったり、はたがうらやむようなおしどり夫婦だったカップルの妻が、夫を失ってからからりと明るく生きていたりする。夫婦ってホントにわからない。

夫に死別したばかりで、茫然自失《ぼうぜんじしつ》していた60代の女性が、書店でわたしの『おひとりさまの老後』（法研、2007年／文春文庫、2011年）を手にとった。これは自分のために書かれた本だと感じて、読んだら元気が出た、とお便りをいただいた。そういうお便りをくださった読者のおひとりが、NHKの「ニュースウオッチ9」に登場していたが、前向きに生きようと決意したのが、夫の死から3カ月後。女の立ち直りは早い、というべきか。

妻の死を認められないだだっ子

妻に先立たれた作家の城山三郎さんに、『そうか、もう君はいないのか』（新潮社、2008年／新潮文庫、2010年）という妻恋いの記がある。

娘の井上紀子さんが妻を失ったあとの城山さんの日々を書きとめている。「暗い病室で静かに手を重ね合い、最後の一瞬まで二人は一つだった。温もりの残るその手を放す時、父は自分の中で決別したのだろう。現実の母と別れ、永遠の母と生きてゆく、自分の心の中だけで」

「この直後から父は現実を遠ざけるようになった」と、紀子さんは続ける。たとえば「通夜も告別式もしない、したとしても出ない、出たとしても喪服は着ない。お墓は決めても、墓参りはしない。駄々児《だだつこ》のように、現実の母の死は拒絶し続けた」城山さんは、仕事場にひきこもったまま、妻と過ごした〝終《つい》の住処《すみか》〟にも帰らなくなったという。

こういう「現実否認」は、男性に多い。わたしの父も、あれほど妻の死を嘆いたのに、妻の納骨に立ち会わず、最後まで妻の墓参を拒絶した。言いぶんは「ママは、あんなところにいない」……べつに唯物論者だったわけではない。新井満さんの『千の風になって』が流行するより、ずっと以前のことだ。どこにいるかっていうと、城山さんと同じく彼の「心の中」だけにいたのだろう。

娘さんが書く「家族も本人さえも想像つかぬほどの心の穴」は、城山さんやわたしの父のような男性が、妻以外に社会的な人間関係をもってこなかったことによるのではないだろうか。

作家の城山さんは自宅と仕事場を往復する生活をしていた。編集者の出入りはあっただろうが、組織人としての生活は早めに辞めている。わたしの父も開業医でお山の大将だった。その逆、妻が夫の死に際して、これほどの現実否認をするとは思えない。こうした現実逃避は、妻への愛の深さゆえなのだろうか。それならその逆が少ないのは、妻から夫への愛がそれほど深くない証拠だろうか。

どうもそうとは思えない。わたしには妻への「依存」がそれほど深いからだと思えてしかたがない。その「依存」は、たまたま「愛」と一致することもあるし、そうでないこともある。そして、そうやって「依存」された相手が、それを歓迎していたか、それとも迷惑に思っていたかはわからない。

城山さんが世捨て人のようなひきこもり状態から脱して、娘夫婦と同居するきっかけになったのは、娘婿からの次の一言だった。

「一人の親の身を案ずるというだけでなく、『城山三郎』という作家の側にいる者の責務として、何より一読者としてお願いしているのです」

再三再四にわたる娘からの懇請には折れなかった城山さんが、この一言で急に態度を軟化させたという。

感動的なエピソードではあるが、男は死ぬまで公人なのか、私人としての愛だけではふじゅうぶんなのか、と思わされてしまう。娘さんの夫というひとは、「男心」のアキレス腱がよくわかっている。だがこの手は、職場を去って久しい男性には効かないし、もちろん多くの女性には使えない。

〝命綱〟を失った喪失感

各種のデータからわかるのは、妻に先立たれた夫の喪失感が深いこと、それが心身にダメージを与えること、家事能力がないからただちに不便になるだけでなく、心理的な依存度が高いから、それを埋め合わせることができないこと、などなどである。

配偶者の死を埋め合わせるものは、なにもない。人生のなかでだれよりも時間と経験、そして感情をともにしてきた重要な他者であり、子育てという人生最大の事業をともにした同志であり、場合によっては自他わかちがたいほど互いに食いこんだ相互依存関係をつくってきた相手だからだ。

とはいえ、夫の喪失感の深さは、ほかに人間関係資源をもたないことにもよる。ほとんど妻だけが〝命綱〟みたいだ。妻の代わりはだれにもきかないだろうが、それでも慰めてくれたり、思い出を共有してくれる家族や友人のだれかれがかたわらにいれば、孤立やうつ状態におちいらなくてもすむ。

そうなれば、この喪失感と打撃の大きさは、妻以外にどんな人間関係も築いてこなかったツケ、といえるかもしれない。

妻の一周忌が過ぎたあたりから……

ところが、このかけがえのない妻という「重要な他者」を、たんに「便利な他者」と考えて、とりかえ可能だと思うひと（ほとんど男性だ）も多いらしい。

50代の終わりに、突然、妻を失ったミノルさんは、妻の一周忌が過ぎたあたりから、友人たちの態度が変わったのに気がついた。彼らは決まってこう言う。

「もう、そろそろ、いいだろ？」

なにがって、再婚しては？　という探りだ。その気があるなら、だれか紹介してもよいが、というオファーつき。「なにかと不便だろ」という親切心からである。

DINKSを通してきたミノルさんは、ピアニストだった妻とのあいだに、かけがえのない思い出がたくさんある。1年や2年で急に「もういいだろ」という気分にはなれない。さみしいのはたしかだが、さみしさを埋め合わせるにも、女ならだれでも、というわけにはいかない。

「不便だろ」という理由で再婚をすすめる友人たちだれかれの顔を思い浮かべながら、彼らにとって結婚とはその程度のものだったのか、と憮然《ぶぜん》たる思いがある。その程度の理由で後添《のちぞ》えに選ばれる女のほうも、たまったものではない。

この先、「おふたりさま」になる可能性は？

このところ男性向けの雑誌が、「男の向老学」特集を組むようになった。そのひとつ、『週刊ポスト』(2009年2月6日号、小学館)が、わたしに「誌上特別指南」をせよといい、著名人のなかからモデルになる「おひとりさま」に登場していただこうという企画を立てた。最終的に「個別事例」として野末陳平、呉智英《くれともふさ》、岸部四郎の3氏が実名で登場してくれたが、わたしが担当者にたずねたのは〝打率〟。取材を申し込んでも、「いや、それはちょっと」「かんべんしてほしい」と何人もの候補に逃げられたという。

やっぱり。予想どおりだった。「おひとりさま」を宣言してしまうことにためらいがあるのは、いずれまたおふたりさまに、という下心があるからだろう。

とはいえ、再婚マーケットの現状はどうなっているのだろう？

そもそも男にとって「不便だから」が理由の再婚は、男の側によほどのカネ（資産と収入）がないかぎり、女にとっては魅力がない。だいいち、「不便」が理由で再婚などされた日には、妻は「セックス付き家政婦」。女をいったいなんだと思っているのだろう、と言いたくなる。それに離別男性はともかく、死別した男性を再婚相手に選ばないほうがよいという説もある。死んだ妻は美化されがちで、ことあるごとにもとの妻とくらべられてイヤな思いをするからだ。

心配しなくてもいい。再婚マーケットは男性にとっていちじるしく狭くなっている。この先ふたたび「おふたりさま」になる可能性は低い、と覚悟して、これからの老後プランを立てたほうが現実的だろう。このところ65歳以上の再婚率はじりじりと上昇傾向にあるが、それでも低位で推移。女性の再婚率は、男性の再婚率よりさらに低い。

男性の多くは「再婚したい」

死別シングル女性は、結婚は一度でたくさん、と思っているし、夫の残してくれた資産と遺族年金が入るから、再婚ニーズがそもそも低い。日本の年金は結婚したら夫が妻を養うもの、という前提で組み立てられているので、もし死別の女おひとりさまが再婚などしたら、遺族年金の受給権を失う。年金が自分についている女性は、みすみすそれを失う選択などしないものだ。

そのうえ、再婚したらふたたび介護要員になる将来が待っていると思えば、よほどラブラブでなければ再婚に踏み切らないだろう。それに前妻やその子たちとのトラブルを避けたいと思えば、事実婚を選ぶほうがよい。事実婚は、うまく行っているあいだは続くが、そうでなくなれば解消されるリスクが高い。

離別シングル女性が再婚願望をもつのは、ほとんどが経済的な動機。離別男性と離別女性との再婚願望を比較した調査では、男性の多くが「できれば再婚したい」と希望しているのに対し、女性の多くが「もう結婚はしたくない」と思っていることがわかっている。

この落差は、離婚以前の結婚生活の満足度に、男女で大きく差があったことを想像させる。経済的理由さえなければ、離別女性の多くは再婚したいとは思っていない。それとボーイフレンドがほしい、という希望はべつである。経済力と「妻」という地位で女性を縛ることができないとなれば、離別女性とつきあう男性は、女性にウケルことをめざすしかない。

離別女性には子どもがついてくる場合が多いから、夫になるには、新しい妻の子どもの父親になる覚悟もいる。〝再建〟家庭はややこしい。それに離別シングル男性の場合には、別れた家族に養育費を送っていたりして経済的負担があったり、自分の子どもとの関係は切れないから、こちらもややこしい。よほどの資産と収入がなければ、再婚の可能性は低い、と承知すべきだろう。

それなら初婚の若い女がいる、と思うあなたは虫がよすぎる。

アラフォー（アラウンドフォーティこと40歳前後）から下の世代は、少子化の影響でまず絶対数が少ないだけでなく、「負け犬」が増えている。このメス「負け犬」族は、結婚願望が高いのに、条件を落とさないばっかりに一日のばしに結婚を先のばしにしてきた〝なしくずしシングル〟だ。めったな条件では落とせない。

このひとたちがこの先、結婚する可能性は低いとみなければならない。昔のように、戦争で男が払底していたり、結婚が「永久就職」と呼ばれて、結婚する以外に女が食べていく道がなかった時代とはちがうのだ。「だから女が図にのるようになって……」と嘆いても、もう手遅れだ。

増えている父子家庭

離別シングルの男性には子連れもいる。このところ、母子家庭だけでなく、父子家庭も徐々に数が増えている。日本の離婚では、子どもの親権の約8割が、妻側に行く。歴史的にみると、夫側から妻側に子どもの親権が移行したのは1960年代。ちょうど核家族化の進行とみあって、家にじいさんばあさんがいなくなる時代に対応していた。

離別した男性は、子どもをひきとっても自分で育てていたわけではない。自分の母親に育ててもらっていたのだ。妻側への親権の移行は、夫だけでは（再婚でもしないかぎり）子どもを育てられないことを意味していた。死別男性がすぐに再婚する傾向があったのも、子育て要員を確保する必要からだった。

先述の春日キスヨさんの著書のひとつに『父子家庭を生きる』（勁草書房、1989年）がある。春日さんによれば、死別・離別がきっかけで子どもを残された夫のうち、再婚せずに父子家庭を維持している男性たちには、次のような共通点があるという。

第1に、父子家庭になったとたんほとんどの男性は子育てを放棄して、自分の子どもを実家の親に預けるか、施設に送る傾向がある。本人が選択するだけでなく、地域の民生委員などが、ご親切にも「あんたじゃ育てきらんから」と児童養護施設へ送るようにすすめたりする。事実、今日児童養護施設に入所している子どもたちの多くは、孤児ではなく親がいるが、親に育てる意思や能力のない子どもたちだ。したがって父子家庭を維持している父親は、子どもを預ける実家の女手がないか、施設に子どもを預けることを選択しなかった子ども思いの男性たちである。

第2に、彼らは再婚の意思がないか、あってもできないひとたちである。かつてのように子どものいる死別・離別男性を周囲がほうっておかず、あれこれと「再・婚活」の世話を焼いて後添えを見つけてくれるような時代には、父子家庭になってもその期間が短く、あっというまに再婚家庭になってしまうので、統計のうえでは父子家庭は増えなかった。昔は生活のために後添えの道を選ぶ女性たちもいたが、いまはそうではない。仮に男性の地位と収入が高ければ、多少ハンディのある再婚でも相手が見つかったことだろうが。

シングルパパは草食系？

父子家庭の彼らが再婚しないでいるのは、再婚するための資源が相対的に低いから。死別はともかく、離別で父子家庭になった男性たちの場合は、妻が子どもを置いて出ていったケースが多い。その理由の多くは、「べつの男をつくって」というものだ。女も男も、性愛の前には子どもより自分がかわいいエゴイストになる。そもそも妻が見限ってほかの男に乗り換えたくらいだから、彼らが恋愛・結婚市場での資源に相対的に恵まれない男性たちだろうことは想像がつく。だから、父子家庭のシングルパパたちは、子ぼんのうの心やさしい、たぶん「肉食系」ではない男性たちなのだろう。

学会で春日さんがこの報告をしたときのことだ。質問者の某大学教授が立ち上がって、父子家庭のパパたちをたたえ、「自分にはとうていやれそうもない」と屈折した賛辞を寄せると、春日さんはきっぱり、「あなたが父子家庭になる可能性はほぼありません」と言い返した。大学教授という地位と収入をもっているあなたは、たとえ父子家庭になっても、ただちに再婚できるだろうから、というのがその理由。いまから20年前のこと。大学教授のねうちも、最近ではそうとう下がっているだろうか。

オス負け犬ですが、それがなにか?

非婚シングルの女おひとりさまがいれば、その裏側に非婚シングルの男おひとりさまがいる。同一年齢では、男性人口のほうが女性人口よりやや上回ることがわかっているから、オス「負け犬」こと非婚の男おひとりさまのほうの数が、メス「負け犬」より多い。

２００５年の国勢調査にもとづく人口学的なシミュレーションによれば、現在、30代後半の男性は4人に1人、30代前半と20代後半の男性では3人に1人が、生涯非婚を通す可能性が高い。

この男性たちが、女性経験の少ない「非モテ」系であることもデータからわかっている。これまで人生の半分近くを非モテ系で過ごしてきた男性が、これから先、モテ系になる可能性は低い。だったら無理に「おふたりさま」になろうとせず、「おひとりさま」のまま生きていけばよいのではないか、とわたしなどは思うが。

秋葉原で通行人の無差別殺傷事件をひきおこした犯人加藤智大は、「非モテ」を気に病んでいたという。女が自分についていてさえすれば、学歴コンプレックスも、カネがないことも、派遣切りにあったことも、なにもかもひっくるめて一発逆転できると思っていたらしい。女をひとり「所有する（モノにする）」ことがなければ男として一人前ではない、という「男らしさ」の神話を、加藤クンも信じていたのだろうか?

女が女であるために「男に選ばれる」という証明は必要ない、と考えてきたように、男が男であることを「モテ」で証明する必要なんてない、とこのひとたちが思ってくれたらよいのだが。

非モテ系の男性のなかには、しろうとの女性とのセックスよりプロのサービスのほうがよいと感じたり、肉体をもった現実の女性よりは二次元のヴァーチュアルな女性のほうに〝萌える〟ひとたちもいる。セックス産業の消費者の中心はこの世代であることがデータからはわかっているし、それも〝本番〟以外のメディア系にどんどんシフトしている。これだって、本人が不自由を感じていなければ、それでいい話だ。

酒井順子さんのベストセラー『負け犬の遠吠え』(講談社、2003年/講談社文庫、2006年)では、夫なし・子なし・30代以上を「負け犬」と定義して自己卑下してみせたあげく、「わたし、負け犬ですが、それがなにか?」というパフォーマンスがあった。オス負け犬の世界でも、「彼女いない歴40年ですが、なんの不自由も感じていません。それがなにか?」という〝常識〟が通用するようになれば、男性たちもよほどラクになるだろうに。

「ふがいない」と歯ぎしりするのは、旧人類の肉食系男だけ。結婚していなければ男は一人前でないという呪縛《じゅばく》から、男たちはいつ解かれるのだろう。生涯非婚率が3人に1人になる時代には、そんなこと言っていられないと思うのだが。そのうえ、いったん結婚してさえ、リストラやキャンセルがある時代なのだから。

第2章

下り坂を降りるスキル

人生のピークを過ぎたとき

あなたの人生のピーク（頂点）は、思い返せば、いつだっただろうか。

「いまがいちばん。人生のピークです」と答える高齢者がいる。

ほとんどが、女性である。残念ながら、男性のお年寄りで、そう答えるひとに会ったことがない。

女性の場合なら、子育てを卒業し、孫たちの成長を距離をおいて見守り、夫を看とり、遺産と年金を受けとって、自分のためだけに使える自由な時間と自由なおカネをようやく手にしていることが多い。夫を見送ったあとが「人生のピーク」であるという、女性の考えも根拠がないわけではない。ただしその年齢は、50代から60代、まだ体力もあって、遊ぶ元気もあるころだ。

70歳以上のひとに対して、「もしあなたがもう一度人生を生きなおせるとしたら、**何歳に戻りたいですか？**」という質問がある。これに対する答えには、男女差がある。**女性は30代、男性は50代と答えるひとがいちばん多いという。**

女の30代は出産・育児に夢中な年齢だ。子どもの手が離れてほっとするまでに、人生のうちでもっとも充実を感じるときかもしれない。他方、男の50代といえば、定年直前。職場での地位と収入がピークを迎える。男はその時代に戻りたいという。権力と経済力という、第三者からのわかりやすい評価が、そのまま自己評価につながるのは、男がとことん社会的な生きものだからだろうか。

上りより、下りのほうがスキルがいる

人生のピークがいつかは、実のところ、過ぎてしまわなければわからないものだ。自分が下り坂にあって、ふりかえったときにはじめて、あれが人生のピークだったのか、とわかる。そんなものだろう。

いまや人生85年時代、いや、「人生１００年時代」だという。もし50代に人生のピークが来るとしたら、前半が上り坂、後半が下り坂。その配分は半々くらいと承知しておくほうがよさそうだ。

上り坂のときには、昨日までもっていなかった能力や資源を、今日は身につけてどんどん成長・発展することができた。下り坂とは、その反対に、昨日までもっていた能力や資源をしだいに失っていく過程である。**昨日できたことが今日できなく**

なり、今日できたことが明日はできなくなる。

問題はこれまで、人生の上り坂のノウハウはあったが、下り坂のノウハウがなかったこと。下り坂のノウハウは、学校でも教えてくれなかった。そして上りよりは、下りのほうがノウハウもスキルもいる。

楽観的な親世代、不安感の強い子世代

日本のように近代化がひと足遅れでやってきた国は、近代化のサイクルを短期間で急速にひととおり通過することになる。韓国の場合は、そのスピードがさらに急激な「圧縮近代」を経験している。

そのなかでも、わたしの世代、戦後ベビーブーマー（人口構成の特徴から堺屋太一さんによって「団塊の世代」と呼ばれた）は、特異な位置を占める。というのもベビーブーム世代にとっては、敗戦からの復興と高度成長の時代が自分自身の成長期と重なり、日本社会の成熟期と停滞期が自分たちの向老期と重なるからだ。

人間は生まれてくる時代を選ぶことができない。

青春という、ものみな萌える成長の年齢に、戦争の時代に出合ったり、不況とデフレスパイラル（デフレにともなう経済の悪循環）の時代に直面したりしたら、さぞ

不運なことだろう。どの時期に青春期を過ごすかは、その後のものの見方に、身体化されたといってよいほどの影響を与えるように思える。

わたしたちベビーブーム世代は、成長に対する過信から、時間がたてば事態はいまよりよくなるだろうという、根拠のない信念をもつ傾向がある。

対して、それより30年ほど若い世代は、時間がたてばいまより事態が悪くなるという、ねぶかい不安の感覚をもっているように感じる。それというのも彼らがものごころついてこのかた、日本はずっと不況とデフレスパイラルを抜け出せず、少子高齢化への道を歩んできたからだ。

彼らがちょうど団塊ジュニア世代にあたることは、偶然の一致とはいえ、なにかの皮肉としか思えない。楽観的で革新的な親の世代のもとに、不安感が強く守りの姿勢の子ども世代が育ったからだ。

だから、「ボクらが若いころは……」と自分たちの価値観を押しつけることはもうできない。子どもたちの世代が置かれている環境は、30年前とはすっかり変化しているからだ。

それればかりではない。気がつけば自分自身が高齢期に突入している。だれも教えてくれなかった時代と世代の経験を、わたしたちは迎えようとしている。

男の定年、女の定年

どんなに仕事を愛していても、仕事にはかならず定年がある。とりわけサラリーマンには、いやおうなく定年が来る。

どんなに職場に忠誠を誓っていても、いつかある日、「明日からあなたは来なくていい」と宣告される日が来る。地位と収入のピークに、惜しまれて花束を抱いて拍手のなかを去っていくのが「男の花道」だろう。

問題は、それからあとの人生が思っていた以上に長いことだ。

開業医をしていた男性に、「この仕事は定年がないからいいですね」と言うひとがいた。が、こういう男性も、ぼけて医療ミスとか投薬ミスとかをひきおこす前に、自覚して退きどきをわきまえたほうがよいだろう。

いまや日本人の平均寿命は、男性79・4歳、女性85・9歳。現在50歳を過ぎているひとは、もっと長生きすると覚悟したほうがよい。80歳を超えて生きる確率は、女性が4人に3人強、男性が2人に1人強。死ぬに死ねない長寿社会が来た。

女の定年は男より早い

実は女の定年は、男の定年よりもっと早く来る。やっぱり。女の〝賞味期限〟は男より短いからね、と早とちりしないでほしい。男の定年が職業からの定年だとしたら、女の定年は母（親業）からの定年だからだ。

たいがいの女は職業よりは子育てのほうに、人生の優先順位を置く。親業のために、ひともうらやむような職をなげうつ女性が絶えないのはそのせいだ。だが、親業にも卒業がある。子どもはかならず親のもとを巣立っていく。もしいつまでも巣立っていかない子どもがいるとしたら、親業に失敗したと思ったほうがいい。

親業はいつが定年か。子どもは死ぬまで子ども、親業に定年はない、と考えるひともいるかもしれない。子どもが社会的・経済的に自立するまで、と考えれば、親業の定年はえんえんと延びるだろう。

だが、親業の第1次定年は、親が誘っても、子どもが親より同世代の友人たちと過ごすほうを優先したとき、と考えてよい。このとき、子どもは親の庇護圏《ひごけん》を飛び立ったのだ。年齢でいえば、小学校の高学年から中学生のころだろうか。

もちろんこれ以降も、高等教育に在籍しているあいだは学費がかかるから、親としての経済的責任からはおりられない。だが、親とはべつの生活圏をもつようになった子どもは、同じ屋根の下にいても干渉をきらう下宿人のような存在になる。

こうなったらカネは出しても、クチは出さずに、遠巻きに見守るしかない。放課後も部活動だバイトだと、家にいる時間はどんどん少なくなるから、もうフルタイムで子どもが家に帰るのを待っている理由はない。家族社会学では、末の子が義務教育を終了したときをもって、「ポスト育児期」の開始と定義する。ひるがえって育児期とは、たかだか10年余りしか続かない短い期間だといえる。

早すぎる余生の効果

定年のあとは、余生になる。女が人生の最優先事項を親業に置くとしたら、余生が長くなる。この定年延長をはかりたければ、次々に子どもを産みさえすればよい。実際、親業をやめたくなくて、末の子が10歳を過ぎたころに、「膝がさみしい」とまた子どもをつくる女性もいないわけではない。

だが、こちらのほうは、よほどの体力と経済力がないと実行できない。現在のように、少子化で子どもがひとりかふたりだと、2年の間隔を空けて産んでも、30代後半か40代前半には子どもは学齢期に達し、専従で親業をやる必要はなくなる。

30代から余生、では人生は長すぎる。それに30代なら、まだまだ元気でやりなおせる。だからこそ、女性は出産・育児後に「再チャレンジ」を試みてきたのだ。仕事に就いたり、地域活動にはげんだり、趣味や習いごとを始めたり、大学や大学院に通う女性もいる。女性は人生を二生ぶん、生きてきたといえるかもしれない。

こういう早い余生を迎える女性は、ほんものの老後にスムーズに移行できる。ポスト育児期に再就職したとしても、「仕事イノチ」とうちこむほどの生きがいややりがいのある職場は、女性にはなかなか与えられないし、パートや非正規就労を選ぶ女性は、政府に教えられなくても、とっくに「ワーク・ライフ・バランス」（仕事と生活のバランス）をとっている。暮らしを犠牲にするほどの価値ある仕事などあるはずもないと思っているし、逆にもしあったとしても、その機会は女にはまわってこない。

子どもが育つ過程で、いやおうなしの子バナレを子どもの側からつきつけられているから、夫にも子どもにも依存しない生き方を早めに身につけている。これも性差別の結果ともいえるが、早すぎる余生の効果のひとつではある。

これとは反対に、フルタイムの仕事から定年を迎える男性は、老後へと〝ハードランディング〟しがちだ。そんなときには、ひと足早く余生を迎えた女性の生き方が参考になるだろう。

老いを拒否する思想

上り坂半分・下り坂半分の人生100年時代を迎えたのに、「降りる」のをどうしても拒否するひとたちがいる。

昔から長寿は人間の切なるのぞみだったのに、それを実現した社会で、どうして老いを拒否し、嫌悪しなければならないのだろうか。PPK（ぴんぴんころり。死の直前までぴんぴんしていて、ころりと逝くことを理想とする考え方）と聞くたびに、わたしは老いを拒否する思想を感じとってしまう。老いを見たくない、聞きたくない、避けたいと否認し、老化に抵抗するひとにとっては、ある朝ぽっくり、は理想だろう。

サクセスフル・エイジング（成功加齢と訳す）は、アメリカ生まれの概念。老いを拒絶する最たる思想だ。定義は「死の直前まで中年期を引き延ばすこと」と、ジェロントロジスト（老年学者）の秋山弘子さんが教えてくれた。死ぬ直前まで「中年期」を引き延ばすことができるなら、そもそも「老年期」など存在しないといってよい。それに、歳のとり方まで、成功だの失敗だのと、他人から言われたくない。「生涯現役」思想もそのひとつ。人生のピークが「50代」と答えるひとは、その絶頂期でぽっきり折れるように過労死でもすれば本望だったのだろうか。50代で死ねば、いまなら〝夭折《ようせつ》〟のうち。それができなくなったのが超高齢社会というものだ。

人生が300年なら？

作家の河野多恵子さんが、平均寿命が50歳のときの恋愛や結婚観と、300歳のときの恋愛や結婚観とは、当然ちがってくるだろう、と作家らしい奇想天外な想像をしてみせたことがある。

人生が300年なら。生涯にたったひとりのひとを愛して家庭を持つなどという結婚観は成りたたなくなってしまうだろう。20代くらいで出会っただれかと、残りの270年間をともに過ごすのは至難のわざだ。途中で何度か仕切り直しをしたくなる。人生50年なら、男は文字どおりの終身雇用制のもとで働きつづけて現役のうちに、そして女は子だくさんの時代に親業を定年にならないうちに、ぽっくりあの世へ行けただろう。

河野さんは、江戸時代の心中は、人生40年時代の産物と喝破《かっぱ》した。事実、感染症が原因で、多くのひとたちが40歳前後にばたばた死んでいく江戸時代には、いっそ好きなひとと相対死《あいたいじ》にを、と思っても無理はない。これが人生80年時代になれば、心中も情死もぐんと減る。近代小説で心中ものが減ったのは、ロマンスの情熱が薄れたからではなく、寿命が延びたせいだというのが、河野説だった。

寝たきり期間は平均8・5カ月

下り坂の最後には、ひとさまの助けがなければ生きていけない要介護の期間が待っている。65歳以上で亡くなったひとの寝たきりの平均期間は8・5カ月（人口動態社会経済面調査、1995年）。寝たきりになっても、認知症になっても死なないでいられる文明社会がようやく訪れた。そのことを歓迎するかわりに、どうして呪わなければならないのだろうか。

本書の冒頭でもあげたが、「ボクの理想の死に方は、ある日ゴルフ場でぽっくり逝くこと」と言ったネオリベ（ネオリベラリズムの略。新自由主義。市場原理主義からなる資本主義経済体制のこと）系のエコノミストがいる。名前は明かさないが、このひとは、小泉政権の経済財政諮問会議の専門委員のひとりだった。

経済財政諮問会議とは、2007年度から向こう5年間にわたって年間2200

億円、合計1兆1000億円の社会保障費を抑制せよと指令したところ。麻生政権にいたるまで、歴代自民党政権は、この削減目標を守ってきた。社会保障費の抑制が至上命令の政策決定者たちは、自分自身が要介護状態になって、他人さまの世話を受けることに想像力がはたらかないのだろうか。こういうひとに、高齢社会の福祉政策の制度設計をしてもらうのは困る。と思っていたら、2009年夏の総選挙で、有権者はこの政権にNOをつきつけた。

弱さの情報公開

下り坂を降りるスキル、といえば、まず、「弱さの情報公開」だ。

このことばは、北海道浦河町にある精神障害者のための生活共同体「べてるの家」の標語のひとつ。「安心してサボれる職場づくり」「病気を治さない医者」「あたりまえの苦労をとりもどす」など、数々の「べてる用語」を生んできた。べてるの家をテーマに、横川和夫さんの『降りていく生き方』（太郎次郎社、2003年）という本もあるくらい。このひとたちは、「昇る」ほうじゃなくて、「降りる」ほうのプロだ。

精神障害者のひとたちは、自分で自分をコントロールできずに、パニックにおちいったり、カラダが固まってしまったりする。自分でトイレに行けなくなったり、ごはんを食べられなくなったら介助があるように、自分で自分をどうしようもなくなったら、やっぱりだれかの助けを求めたらよい。その助けの求め方のノウハウを大公開したのが、『べてるの家の「当事者研究」』（医学書院、2005年）だ。

その「べてる用語」の白眉《はくび》ともいえるのが、「弱さの情報公開」。弱いことは、悪いことでも、恥ずかしいことでもない。過労になればカラダはこわれるし、追いつめられたらココロがこわれる。なにがあってもこわれないカラダとココロの持ち主なんて人間じゃない、サイボーグだ。そもそも、「患者になる」ということは、自分の弱さを引き受けて、だれかに「助けてくれ」とSOSを発信するのと同じ。医者の前に行ってまで、「いや、なんともありません、だいじょうぶです」なんて強がりを言うようでは、助けてもらえるものももらえない。

老いるとは、弱者になること

男性をみていて、女性とちがうなと思うところがある。

それは、自分の弱さを認められないということ。男が弱い、といっているのではない。女のほうが男より強い、といっているわけでもない。女も男なみに強いし、男だって女同様、弱い。男も女も、人間は強くもあるが、弱い生きものでもある。

歳をとるにつれて、人間はこわれものだという感覚が身にしみてきた。こわれものだから、取り扱いを乱暴にすると、こわれてしまう。無理をすれば、カラダもこわれるし、ココロもこわれる。こわれものはこわれものらしく、大事に扱わなくては、と思うようになった。

男が女とちがうのは、同じくらい弱いのに、自分の弱さを認められない、ということだ。**弱さを認めることができない弱さ**、といおうか。これが男性の足をひっぱることになるのは、老いるということが、弱者になることと同じだからだ。

わたしには、これは「男というビョーキ」に思える。男は小さいときから強くなくては、と思いこまされてきた。自分のなかにある弱さを押し殺し、他人に見せず、虚勢を張って生きてきた。

弱さが許せないから、弱虫や卑怯者を軽蔑してきた。病気になった同僚を、自己管理がなってないからだと吐き捨て、学校へ行けなくなった息子を、そんなヤツはオレの息子じゃない、しっかりしろ、と叱咤激励してきた。障害者を差別し、高齢者は分相応に引っこんでいろ、と思ってきた。認知症の高齢者には、こんなになってまで生きているねうちがあるものか、生きる価値のない者は〝処分〟したらよい（実際、このとおりの発言を80代の元気老人の口から直接聞いたことがある）と考えてきた。

ずーっと強いまま、現役のまま、中年期のまま、死を迎えられたらよいかもしれない。だがそれが不可能なのが、人生100年時代である。死にたくてもそうかんたんには死なせてもらえない超高齢社会が来たことをわたしが歓迎するのは、だれもが人生の最後にはひとのお世話にならなければ生きられず、弱者になることを避けられないからだ。

男は女になる可能性がないから、平然と女性差別ができる。障害者になる可能性も小さいと思っているから、障害者差別ができる。自分が認知症になる可能性がないと思っていられるあいだだけ、認知症のお年寄りに生きているねうちがない、と言い放つことができる。だが、いずれ自分も老い、衰え、弱者になり、だれかの助けを求めなければならないとしたら？　弱者を差別したツケは、自分自身に返ってくるだろう。

老いだけは、だれもが平等に受けいれなければならない運命だ。それどころか、現在の年齢になるまで健康状態がよく、経済的にもゆとりのある暮らしをしてきたひとなら、きっと長生きする可能性が高いことだろう。

定年後にソフトランディングする

早すぎる余生を迎える女性が老後へと〝ソフトランディング〟するのにくらべて、定年というぶっちぎりの変化を経験する男性は、老後へと〝ハードランディング〟すると書いた。いきなりドスンと落ちれば、痛みも大きい。

定年が男性にとって大きな転機になることは、「定年後」をテーマにした本がいくつも出ていることからわかる。有名なところでは、ノンフィクションライター、加藤仁さんのシリーズ『おお、定年』（文春文庫、1988年）、『待ってました定年』（文春文庫、1992年）があるし、公募手記や各界識者の論考・エッセイを岩波書店編集部が編んだ『定年後——「もうひとつの人生」への案内』（岩波書店、1999年）もある。

加藤さんは1947年生まれ。団塊世代のはしりの亥年、「2007年問題」（団塊世代が大量に定年退職を迎えた年）の中心世代である。この世代は、一生の大半を雇用者として送ったサラリーマン世代。定年が人生の大転換になる世代のひとたちだ。

もう少し前の世代には、商工自営業者が多かった。このひとたちに「定年」はない。それに女性にも、定年は関係ない。男がサラリーマンになだれこんでいった世代で、女はサラリーマンの〝無業の妻〟となっていったが、この妻たちが、ポスト育児期に「早すぎる定年」を迎えていることはすでに述べた。「定年」が問題になるのは、安定したサラリーマン人生を送ったひとたちだけである。

人生には3つの定年がある

団塊世代よりもう少し年長の世代では、堀田力さん（1934年生まれ）が『50代から考えておきたい「定年後」設計腹づもり』（三笠書房、2001年）を書き、河村幹夫さん（1935年生まれ）が『五〇歳からの定年準備』（角川oneテーマ21、2005年）を書いている。堀田さんはロッキード事件で田中角栄元総理大臣を有罪にした知る人ぞ知る元検事、河村さんは世界各地の転勤経験がある元商社マンである。

これらの本は、少し前に定年を迎えた先輩格の世代が、後続の世代にアドバイスする、というスタイルをとっている。「定年」をテーマにした本が2000年前後に出ているのは、大量定年時代を迎える団塊の世代をターゲットにしているから。

「50代から」とあるのも、ちょうどこのころに、団塊世代が50代に突入したことと関係しているだろう。

河村さんは、「人生に3つの定年あり」として、「雇用定年」「仕事定年」「人生定年」をあげる。雇用定年とは、文字どおり職場から「来なくてよい」と宣告される「他人が決める定年」。仕事は、職業とはちがって、自分が自分に与えた天職とか天命。英語でいうと、プロフェッション profession ではなく、ヴォケーション vocation にあたる。いわば第2の人生である。退職後に「さわやか福祉財団」を設立してボランティアの組織化にのりだした堀田さんをみても、平成の定年は、終身雇用制が成立した明治時代の定年とちがって、じゅうぶん「第2の人生」をやり直せるほど、まだまだ気力も体力も充実していることがわかる。明治時代の平均余命は40代。このころなら55歳定年制は文字どおりの「終身雇用」だっただろう。

河村さん自身は、超多忙な商社マン時代を過ごしたあと、大学教師に転身。研究と著述、それに若いひとを育てるという恵まれた「第2の人生」を選んだ。エリートサラリーマンの定年後の〝上がり〟は大学教師と聞いたが、河村さんが大学に移った1994年は大学院重点化が始まろうという時期。その後、拡充路線が見直され、少子化で大学マーケットも縮小している現在、河村さんのような選択肢はもはや多くはないだろう。

河村さんのいう「仕事」にも定年がある。「仕事定年」は自分で決める定年。そして最後に、「人生」の定年がある。これぱかりはだれにも決められない。

熟年ベンチャーのススメ

いまや50代で定年は早すぎる。55歳定年制は60歳まで延長されたが、きょうびの60歳はまだまだ若い。「65歳以上」を「高齢者」とする定義は、考え直すべきだと思う。年功序列を維持したままで定年延長をすれば、長老支配が起きるし、雇用コストがかさむ。だから、定年制を維持したまま再雇用するという狡猾《こうかつ》なやり方を企業は編み出した。これだと経験豊かな人材を安い賃金で使うことができるからだ。

だが、なにも同じ企業が雇用を継続しなくても、募集要件を「60歳以上にかぎる」といった高齢者労働市場が成りたてばよいのだ。シルバー人材センターではない。たいがいの高齢者は、それまでのキャリアや経験を生かせない職種に就いている。年齢と地位、賃金が連動しないしくみさえつくれたら、高齢者の活躍の場はもっと拡がりそうだ。年功序列は、高齢者自身にとっても足をひっぱる妨げだろう。

日本の前近代の村落社会には年齢階梯制《かいていせい》があった。生まれてから死ぬまで、同じ年ごろの仲間とヨコのつながりを保ったまま、子ども組、若者組、若年寄り組、年寄り組と持ち上がっていく。その年齢集団の結束は強く、タテ型の家制度をヨコに串刺しにする干渉力があった。年齢組が持ち上がるにつれて権利と義務とが変わっていく。

同じように、若者ベンチャーがあれば、高齢者だけの会社があってもよさそうだ。エコノミストの島田晴雄さんは、日本の高齢者の高い貯蓄志向を憂えて、おカネを貯蓄したままの〝死にガネ〟にしないで、事業に投資する〝生きガネ〟にしようと呼びかけた。「高齢者よ、会社を興そう」という起業のススメである。

もはや若いときのようにイケイケをめざさなくともよい。だれからも雇われず、**自分を自分のボスにして、マイペースで働けばよい。60歳からスタートしても20年間は働ける。**

夫婦にも定年がある

だが、河村さんの「3つの定年」に欠けているものがある。それは「家族定年」だ。多くの脳天気な男性と同じく、河村さんも、「家族定年」を迎える前に「人生定年」を迎えることができると信じているのか。そもそも「家族」が視野に入っていないのか。家族がいてもいなくても人生にたいした変化がないほど職場や仕事に入れこんできたということなのか。それとも、家族について語らないのが「男の美学」と信じこんでいるからだろうか。事実、河村さんの本には、家族の影が薄い。

夫の雇用定年は、実際、妻には大きな影響がある。早すぎる余生だった時間を過ごしていたのに、夫が突然、家に戻ってくるおかげで、もう一度、妻が「職場復帰」しなければならないからだ。こういう男性たちが、「濡れ落ち葉」だの「かまって族」だの「ワシも族」などと、さんざんな呼ばれ方をしたのは記憶に新しい。とりわけ妻に負担が重いのは、1日3食、とくに昼食の準備。これがあるために時間を拘束され、出歩く自由もなくなり、それまでの地域活動をあきらめなければならなくなった、という旧世代の妻もいる。だから**定年は、いっぽうで夫婦の危機でもある。**雇用定年を夫婦関係のうえで〃ソフトランディング〃するためにも、男性のADL（Activities of Daily Living：日常生活動作。176ページ参照）の自立は不可欠である。

「家族定年」には、「夫婦定年」と「親業定年」とがある。

「夫婦定年」は、死別によっても離別によっても訪れる。「親業定年」をなかなか迎えさせてくれない子どもを持ったときには、自分の子育てを反省してみよう。親業とは、卒業するためにあるのだから。とはいっても、最近では大学院進学を希望したり、いつまでたっても親の家から出ていかないパラサイトの子どもたちが増え、「雇用定年」になっても、「親業」を定年にさせてもらえないのは悩ましいところ。「夫婦定年」のあとには、もちろん「定年後」の人生がある。女性にはそれを指す「後家楽《ごけらく》」ということばがあるが、「後家楽」にあたる男性版の用語はない。男性は「夫婦定年」後を想定していないのだろう。

河村さんの世代では、結婚の安定性が高く、男にとっても女にとっても結婚は〝一生もの〟だっただろうが、それも過去のことになった。

生きいきと暮らすシングルの先輩たち

団塊世代の大量定年を目前にして退職準備用ノウハウ本がいくつも出版されたが、企業の側も定年後の男性の「その後」が気になるらしく、夫婦を対象に「退職準備講座」などを提供するところもある。わたしは、以前そういう大企業の委託で「モデル定年退職者」の調査をしたことがある。はたからみても前向きで、定年後も生きいき暮らしている自他ともに任ずる「モデル定年退職者」には、共通点があった。

それは、「社縁」以外の人間関係が豊かなことである。

以下に示したのは、その調査の結果から浮かび上がった「モデル定年退職者」のプロフィールである。その当時のデータには、対象者の「家族定年」がまだ含まれていなかった。そこに「家族定年」を組みこんでモデル化したものが、次のノブオさんとシローさんの例である。いくらかの脚色を加えてある。

釣りキチのノブオさんの場合

ノブオさん（68歳）は、関西の大企業を8年前に定年退職した。仕事はそこそここなしたが、社内での出世競争には関心がなく、50代で子会社に出向して定年直前に本社に戻され、そこで定年を迎えた。同期には取締役になった者もいるが、自分は部長代理どまり。本社に戻してくれたのは人事の配慮だと思う。

もともと釣りキチだったノブオさんには、古くからの釣り仲間がいる。タクシーの運転手やスナックの経営者など、職業はいろいろ。朝4時起きで、暗いうちから待ち合わせて海釣りに行く。仲間と組んで釣り船をチャーターする。季節ごとに釣り場を変え、夏は渓流釣りに行く。釣果《ちょうか》は、一部はその場で捌《さば》いて食べ、残りは持ち帰って冷凍にしておく。そのための巨大な冷凍庫も家に買った。魚を三枚におろすのもだんだん腕を上げ、出刃、柳刃などの包丁類も板前なみにそろえた。

妻がいたころは、前の晩につくっておいてくれたおにぎりを持って出た。釣果が多いときには、たくさんの魚を開きにして干物にしたりするのはすべて妻の役目で、悲鳴をあげたものだが、その妻を3年前にがんで失った。家族がそろっているときには、「お父さんの手料理」をみんな楽しみにしてくれたが、もうそんな時代は過ぎた。

休みといえば朝暗いうちから出かけるのを苦にしないノブオさんを、妻はあきれ顔で見ていたが、おかげで、妻のいない休日をもてあます「濡れ落ち葉」にはならずにすんだ。妻を失ったあとの無聊《ぶりよう》を慰めてくれたのも、釣り仲間たちだ。もともとこまめで器用だから、妻がいなくなっても日常生活には困らない。

妻を失ってからは、釣り仲間が経営するスナックにそのまま直行する。ビールをかたむけて、その日の成果をサカナにしながら、あれこれおしゃべりがはずむ。妻のいるひともいるが、なぜだか家には直行せず、スナックでうちあげ、が習慣になった。同じように定年後を迎えた仲間には、よほど家で居場所がないらしい。業種がちがうし、仕事の話はお互いにしない。女がいても釣りの話題には入ってこられないので、女はいらない。健康が続くかぎりはこの釣り仲間を大切にしようと思う。

少年野球チームの監督、シローさんの場合

シローさん（62歳）は40代のころ、中学生の長男の草野球チームのコーチを買って出て以来の少年野球ボランティア。昔、野球少年だったキャリアを生かして、自分のほうがのめりこんだ。長男がチームを卒業したあとも、請われて監督としてチームに残った。休みという休みをそのために使ったので、家族にうらまれたこともある。

自分の息子は大きくなって父親にうとましい視線を向けるが、少年野球チームには毎年若いメンバーが入ってくる。そのお母さんたちも毎年若返る。チームのお世話をしていると、子どもたちに付き添ってくる若いお母さんのファンがついて、まんざらでもない。ボランティアだからと謝礼を受けとらないので、地域の大会でいいセンまで行ったときなど、ネクタイや小物など、気のきいたプレゼントまでくれる。

サラリーマン時代は、合宿や遠征などに有給休暇をとって遠慮しながら出かけたものだが、定年になってかえって気がねなく集中できるようになった。子どもたちはかわいい。若いころ、教師になる夢をもっていたから、こうやって第2の人生で、

子どもたちに関われるのを天職だと思う。

昨年、妻を病気で亡くしたときには、子どもたちのお母さんが親身になって支えてくれた。妻の入院中も、食事をつくって家に届けてくれたり、洗濯物を引き受けてくれたり、こまめに気をまわしてくれた。男の友人ではこうはいかない。妻の葬式のとき、茫然自失しているうちになにもかも仕切ってくれたのも彼女たちだ。野球チームの卒業生やその親たちが入れ替わり立ち替わりお悔やみにやってきて、あわただしい日々を過ごし、哀しみにくれているヒマもなかった。妻の死を乗り越えられたのは、この仲間たちがいたからだ。

好意をもった女性も若いお母さんたちのなかにいなかったわけではないが、こういうつきあいで抜け駆けは厳禁。お母さん同士が相互に監視しあっているのがわかるから、どの女性とも適度に距離をおいてつきあった。だからこそ続いたのだろう。少年野球チームにそのお母さんたちがついてくるとは、思いがけない余得《よとく》だった。いまでも折にふれて心づかいをしてくれる。息子の嫁たちよりも、ずっとこまめでやさしい。自分のいまの暮らしにうるおいがあるのは、彼女たちのおかげだと思う。

共通点は出世していないこと

ノブオさんやシローさんなど、「モデル定年退職者」が定年後に〝ソフトランディング〟していることには、次のふたつの条件が共通している。

第1に、会社と家族以外の人間関係があること。

第2に、ソフトランディングのための助走期間が長く、「50代から」どころか「40代から」助走が始まっていることだ。

それが原因か結果かはわからないが、このひとたちは会社でさほど出世していない。出世競争にたいした興味をもたないことも、このひとたちの共通点だ。会社以外の活動にうちこむから出世しないのか、それとも出世をあきらめたからほかの生きがいを求めたのか、もともと出世に興味がないのか。その判定はむずかしい。

シローさんなどは、転居をともなう異動を、地元の少年野球チームから離れたくないという理由で断ってさえいる。その時点で、彼の社内的な評価は定まったといえる。チームの少年や親たちが、続けてくれと懇願にきた。胸が熱くなった。会社の仕事はいくらでも代わりがいるが、チームの監督は自分でなければ、という自負もあった。いまの自分を考えると、そのときの選択はまちがっていなかったと思う。

職場や家庭ではない、第三の居場所づくり

家族定年、とりわけ死別による配偶者の喪失が、男性に大きな痛手となることは知られている。ノブオさんもシローさんの場合も、その痛手を軽減してくれたのは、同性、異性、そして世代を超えた仲間たちである。

子どもたちは、それぞれの家族をつくっており、葬儀に集まっても、ふたたび散っていく。とりわけ息子と父親の関係はひと筋縄ではいかない。勝手のわからない嫁は、やってきても〝お客さま〟になるだけだ。

配偶者喪失の痛手から長く立ち直れず、うつ状態におちいる初老の男性は多いが、裏返しにいえば、定年後の人間関係をもっぱら家族に依存してきたツケが来ているのだろう、ときびしい言い方だがそう言いたくなる。なぜならその逆、女性の場合には、同じことはあまり起きないからである。

定年になってから「家庭への回帰」など、してもらわなくてもかまわない。そんなことをしてもらったら、かえってはた迷惑になる。定年になってから必要なのは、職場でもなく、家庭でもない、第三の自分の居場所である。ノブオさんもシローさんも、その「居場所」を現役の時代から時間をかけてつくってきた。だからこそ、

〝ソフトランディング〟が可能になったのである。

居場所づくりは女に学べ

30代後半から「早すぎる余生」を迎えた女性は、家庭でもなく、職場でもない、「第三の空間」を求めて、ネットワークをつくってきた。わたしはそれを、脱血縁、脱地縁、脱社縁の「選択縁」と名づけて、フィールドワークしたことがある。女性のあいだで先行しているから、「女縁《じょえん》」と呼んだ。1980年代末のことである。

都市サラリーマンの核家族の無業の妻は、地縁・血縁のしがらみからはずれている。援助も受けない代わり、拘束もない。会社のほうはといえば、昔もいまも、中高年の女に企業は門戸を開かない。職場はあっても、生きがいもやりがいもない低賃金の不安定雇用だ。それなら自分の居場所くらい自分でつくろうと、女たちは、志や趣味、地域活動や子どもつながりをもとに、女だけのネットワークをつくりだしてきた。そのなかでは親族も及ばぬ助け合いや情報交換が行われている。なかには女縁をもとに起業してしまったひともいる。

人生の危機を支えるネットワーク

女縁がもっとも効果を発揮するのは人生の危機のとき。ひとつは離別の危機、もうひとつは夫と死別する危機。どちらも家族解散にかかわる重大事だ。高年の女性は、だれもがいつか来る夫の死を予期しているが、「葬式の手伝い」に動員されるのは、会社の同僚でもなく、遠くの親戚でもなく、女縁の仲間であることがわかった。彼女たちが来てくれるから、「遠くの親戚呼ばんでいい」、とお父さんにいつも言っている」という50代の女性もいた。

現役時代はともかく、高齢者は、仕事を辞めてからの期間が長いから、いまさら葬式の手伝いに会社関係者を呼べない。彼らは儀礼的な理由から葬儀に弔問の客としては来るだろうが、そういうひとたちに身内に頼むような裏方は頼めない。遠くの親戚は、めったに来ないから、家のなかの勝手がわからない。「義姉《ねえ》さん、お茶っぱはどこ？　湯のみは？」などといちいち聞きに来られては、遺族として嘆き哀しんでいる余裕もない。

こういうときに力を発揮するのが、ふだんからつきあいのある女縁の仲間。勝手知ったる他人の台所でかいがいしく働き、裏方を仕切ってくれる。

「だから、お父ちゃんには、わたしのことは心配せんかていい、安心して先に死んで、と言うてますのや」という女性もいた。

それどころか、夫がいなくなるのを、心待ちにしていた女性さえいた。夫の両親を看とり、子どもたちも次々に家を出ていき、部屋数だけは多い大きな家が残った。

「老後はこの家、改装して、みんなと住もうな、と言うてますねん」

という女性の〝老後プラン〟に、夫の影はない。

女縁の味方は、夫の長時間労働と妻への無関心と不干渉。家にいない亭主、そして妻のやっていることに関心のない夫が、女縁をはばたかせた。この女縁を守るためなら、妻はなんでもやる。夫に転勤の辞令が出ても、子どもの教育を理由に単身赴任させたり、家事も手抜きし、子どもの自立も促す。反対に夫の定年は、女縁の危機。夫が家に帰ってくるときのほうが、妻の自由は奪われる……。

大企業の「おちこぼれ組」対策とは？

その調査結果を本にして、『「女縁」が世の中を変える』（日本経済新聞社、1988年）というタイトルで刊行した。日本経済新聞社からあえて女性ものを出したのは、彼女たちの夫であるサラリーマン族に読んでもらいたかったからである。事実、ある男性読者は、「女房たちは、こんなことをやっていたのか……」と絶句した。

日経新聞社から出した効果は、べつのかたちでもあらわれた。某大企業が、入社10年目の中堅社員研修の講師にわたしを呼んでくれたのだ。女縁の話をせよ、という依頼だった。

入社10年目といえば、社内で実力の差がはっきりしてくるころ。出世コースにのる人材とそうでない人材との振り分けが起きる。社内競争が激しいことで知られていたその企業では、支店長業務は50代ではもう務まらないとさえいわれていた。体力の落ちる50代には、激務がこなせなくなるからだという。

あなたたちがあくせくしているあいだに、妻たちはこんなに豊かな人生を送っていますよ、とわたしは講演で伝えたのだが、あとから人事の担当者のかくれた意図を知っておどろいた。

担当者はこう言い放ったのだ。

「おちこぼれ組には、会社以外の人生があるってことを知ってもらわなくちゃなりませんからね」

奥さまは取締役

女縁の本は、初版刊行のちょうど20年後に、『「女縁」を生きた女たち』（岩波現代文庫、２００８年）と題して、その後の20年のいきさつを加えて増補再刊された。そのなかに収録されている女性たちの「20年」の人生の軌跡がおもしろい。

彼女たちは、わたしと一緒に女縁の調査を手がけた調査チームのメンバーたち。親業を定年になってから、平均年齢53歳で「アトリエF」という会社をつくった。結婚後、一度も就労の経験のない無業の主婦たちが、ある日全員、取締役になった。社員なし。設立してから解散するまで15年間、そのあいだに夫の扶養家族をはずれるほど、後半生に「仕事」に熱中する時間をもったメンバーのなかには、それまでグルメとショッピングの好きだった良家の奥さまもいた。彼女の言いぶんがふるっている。

「それまで食べ歩きだなんだと出歩いていたんですけど、そういう友だちづきあいはきっぱりやめました。それより仕事のほうがずっとおもしろかったから」

このひとの場合は、「余生」が先に来て、あとから「仕事」人生が来たことになる。

会社を始めたのは、子育てが終わって、夫の定年がまだ先、という妻たちの「黄金期」。夫の定年は、彼女たちの仕事の危機でもあった。

そのひとり、ヨシコさんの夫は、家にいるようになってから、会社に出かける妻を「取締役のご出勤かい」と揶揄するようになった。そういういやがらせも一時のこと。やがて夫は食事を用意して妻の帰りを待つようになった。ふたりで心臓病とがんの闘病生活を経て、いまではすっかり同志のように仲がいい。

銭湯でも「役職名」で呼び合う男たち

女縁の研究をしていたときに、「男縁は？」とよく聞かれた。だから男縁の調査もした。以下はその事例である。

大阪の下町の数少なくなった銭湯のひとつ、その男湯に「銭湯愛好会」ができた。男湯だから、会員はもちろん全員男性。20代から70代まで、世代を超えた「裸のつきあい」になごむひとたちの集まりである。会をつくったら、ただちに定款《ていかん》をつくって会社のコピー機でコピーしてくるメンバーがいた。組織図をつくって、会長や経理部長職をつくった。

最初はお楽しみの範囲だったのだが、やがて銭湯で会っても、互いに「会長」

「部長」と、役職名で呼び合うようになった。せっかく浮き世のカミシモをぬいだつきあいができると思ったのに、いつのまにかタテ型の人間関係ができていた。それがうざくて、やめていった若いひともいる。

男性は組織づくりが得意である。その代わり、彼らのつくる組織は、彼らがよく知っている組織、つまり企業に似てくる。自由につくったはずの集団が、いつのまにか企業のひな型になってしまうのだ。

男の友情はまさかのときの役に立つか？

同じころ、会社を離れて異業種交流をしようという機運が高まっていた。その種の集まりに何度か顔を出したのだけれど、名刺交換が始まるとうんざりした。どのひとも自分の仕事に利益になることはないか、と下心をもって参加していることがすぐにわかったからだ。こういう集まりに、肩書きをはずして参加するひとはいない。

それならなんのトクにもならない「君子の清遊」はないだろうか、と探してみたら、老舗の日本山岳会だの、日本野鳥の会だの、というオジサマたちの集まりがあった。ロータリークラブだの、ライオンズクラブだのはボランティア団体のようにみえるが、その実、地方名士のお友だちクラブだから、これは除外しておく。

たしかに登山だの、野鳥観察だのは、一見、職業上の利益にはつながらないようにみえる。だが、じきにわかったのは、こういう集まりでも、役職をめぐって男性たちのパワーゲームがあることだ。権力や富のともなわない名誉職でも、名誉という資源をめぐるパワーゲームから、男性は降りられないようだ。

ちがいはそれだけではない。女縁は人生の危機の助っ人になる。だが男縁はそうならない。先に述べた「弱さの情報公開」をしないからだろう。となれば、「君子の清遊」はしょせん清遊。**見栄や体面を保っていられるあいだだけのおつきあい、**ということになる。清遊のお仲間が、あなたが風邪をひいたときにおかゆを炊いて持ってきてくれる、なんてことは期待できないだろう。

男の友情というのは、ほんとうにまさかのときの恃《たの》みになるのだろうか？

パワーゲームはもう卒業

男って「死ななきゃ治らないビョーキ」だね、とつくづく思うことがある。それはカネと権力に弱い、ということだ。

女は女であることを証明するために男に選ばれなければならないが、この反対は成りたたない。男は男であることを、女に選ばれることによって証明するのではなく、男同士の集団のなかで男として認められることで証明する。男が男になるために、女はいらない。男は男によって承認されることで男になる。女はあとからごほうびとしてついてくる。

こういう男性集団のありかたのことを、専門用語で「ホモソーシャル」と呼ぶ。かぎりなくホモセクシュアルに近い「恋闕《れんけつ》」の情が男同士にはある。男がホントに惚れるのは女ではなく、男だ。武士道の指南書『葉隠《はがくれ》』のなかにある「恋」も、もとはといえば男が男に惚れる恋のことだもんね。

男たちをみていると、女に選ばれることよりは、同性の男から「おぬし、できるな」と言ってもらえることが最大の評価だと思っているふしがある。

男たちがカラダを張ってまであれほど仕事に熱中するのは、「妻子を養う」ためでも、「会社以外に居場所がない」ためでもなく、パワーゲームで争うのがひたすら楽しいからにちがいない、とわたしはにらんでいる。

仕事もばくちもプロ野球ゲームもしかり。彼らは勝ち負けにこだわる。アメリカの研究者が指摘していたが、男性は家に帰ってまでプロ野球やプロサッカーなどの勝敗を争うゲーム観戦に一日何時間も費やす。スポーツが、戦争を無害な模擬ゲームにしたものであることは、オリンピックゲームの起源からもわかる。彼らは、オンの時間に職場で競争したあと、オフの時間にまで格闘技やスポーツ観戦に入れこむのだという。よほど「闘い」が好きなのだろう。

アタマのなかは、いまでも「社長」

だが、何度もいうが、老後とは「下り坂」の時間。勝ち負けを争う必要のない時間だ。パワーゲームなら、手札を実際よりも強くみせることは相手を威嚇《いかく》するうえでも必要だろう。しかし、「下り坂」を降りる知恵は、むしろ自分が持たないカードを他人から引き出すための「弱さの情報公開」にある。これまで男性が闘ってきた知恵の正反対にあるものだ。

だから、１８０度生き方を変えなければ、後半生をわたっていくのはむずかしい。

それを象徴するような例がある。

ある地方のグループホーム（認知症の高齢者が世話をするひととともに少人数で暮らす施設）での話である。８人の定員のうち、入居者は女性が７人、男性が１人。認知症を患っているその男性は、ほかの施設でトラブルを起こし、すでに２カ所を追い出されて、玉突き状態でこのホームにたどりついた。高齢の妻はもはや在宅介護の能力がなく、ここを追い出されたらこの先行くところがないという。

「お願いですから、主人のほかに男性の利用者を入れないでください」

と経営者に頼みこんで入居させてもらった、といういわくつきである。

高齢になれば男女比が変わって、女性のほうが多くなる。どのグループホームでも女性が多く、男性が少ないのはふつうだけれど、「ほかに男性の利用者を入れないでほしい」と条件をつけるのは尋常ではない。営業妨害ともいえるが、この施設の経営者は、妻の要望を受けいれた。

そこをお訪ねしたときのことである。7人のおばあさんたちが職員の女性と丸テーブルを囲んで、まったりとお茶している。たったひとりのおじいさんは、そのひとたちから背を向けて、ひとりでテレビに向いたソファに座っている。カラダはテレビのほうを向いているが、番組を見ているようにも思えない。わたしはソファの隣に座りこんだ。

すると、おじいさんは後ろを振り向いて、おばあさんたちの丸テーブルを見ながら、憎々しげにこうつぶやいたのだ。

「うちの社員は、一日じゅう、茶ぁばっかり飲んで、仕事しようらん」

なるほど。リクツは通っている。おばあさんたちは一日まったりお茶ばかり飲んでいる。おじいさんは元経営者。アタマのなかは、そのときのままなのだ。だが、お仲間を「社員」と呼ぶ上から目線では、そりゃ、きらわれるだろう。おばあさんたちは聞こえているのかいないのか、相手にしないでいるが、これに食ってかかるひとがいたらトラブルになるだろう。男の利用者がほかにいれば、ケンカになるかもしれない。事実、ほかの施設で次から次にトラブルを起こしては追い出されてきたからこそ、妻の懇願があったのだ。それにしても言い方に、実にかわいげがなかった。施設に入れるまで、妻もさぞたいへんだったろうと思う。

女は群れるが、男同士はつるまない

わたしたちがほかの施設で実施した調査でも、似たような結果が出た。建築家のチームと一緒に、デイサービスで利用者のだれがどこに位置どって、どちらの方向を向き、どんなコミュニケーションをしているか、を5分ごとに定点観測するというおそろしく煩瑣《はんさ》な調査だ。

そこからわかったのも、女性の高齢者は群れる傾向があるが、男性は男同士ではつるまない、ひとりひとり背を向けあって会話も少ない、という傾向だった。テレビの前の〝指定席〟に座っているのは、たいがい男性の利用者だ。テレビが好きというわけでもないようだ。そこに座っていれば、だれからも話しかけられず、自分からも話しかけなくてすむからだろう。

そんな男性が集団に溶けこむのは、女性ばかりの集団のなかにひとりで参入するとき。**ハーレム状況で、自分ひとりが「お山の大将」か「ペット」になれたら、関係は安定するようにみえる。**

高齢者のコレクティブハウス「COCO湘南台」を何度目かにお訪ねしたときのことだ。コレクティブハウスとは、ひとつの建物のなかに各自の個室のほか、食堂などの共有スペースをもち、食事づくりや掃除など生活の一部を、入居者が共有する共同居住型集合住宅のことである。

そこに視覚障害のある男性入居者がひとりいらしたが、その方が亡くなったあとだった。部屋が空くと、次の入居者の募集が始まる。10人定員の小さな住まいだ。そこにおられた女性の入居者の方たちに、「今度も男性の方に入っていただきたいと思われますか」「男性に入居してもらうとしたら、何人までが適当でしょうね」とおたずねした。

そこにいた全員から、「男性は歓迎」という答えが返ってきたのは予想外だった。

男性がいるほうが、話題にひろがりができておもしろいからだという。なるほど。女性の集まりはけっして男性に排他的ではないし、かえってちがいをおもしろがる傾向がある。

「何人まで？」という質問には、答えが分かれた。「ひとりね」「ふたりまでなら」……。ただし、「3人以上」とか「半々」という声はついに聞かれなかった。「ふたりまでなら」男同士の対立もハンドリングできる。だが、「3人以上になると、男のあいだでパワーゲームが始まる」と考えているからだろうか。高齢になると男性の数が減っていくのは、自然の摂理かもしれない。

「おひとり力」をつける

ひとりで「おさみしいでしょう」は、ひとりでいられないひとが、ひとりでいなければならないときのせりふ。逆に、ひとりでいたいのに、ひとりでいさせてもらえない不幸もある。ひとりでいたいときに、ひとりでいられる至福が、おひとりさまの暮らしにはある。

おひとりさまには、女も男も「おひとりさま耐性」がある。

いや、ストレス耐性みたいに、おひとりさま耐性と呼ぶのはやめにしよう。これではおひとりさまであることが、それ自体、困ったことやつらいことであるように聞こえるからだ。孤独への耐性ということばからの連想で、ついおひとりさま耐性と呼んでしまったが、おひとりさまイコール孤独という等式はやめにしてほしい。

代わりに、「おひとり力」と名づけよう。

老人になってもの忘れが激しくなったり、とんちんかんなことをしたりするのに、「老人力がついた」と彼一流の逆説的表現を与えたのは、美術家の赤瀬川原平さん。それにならって、「おひとり力」である。

人間は社会的で集団的な生きものだといわれるが、集団でいるのがキモチよいのは、キモチよいひとたちとともにいるときだけ。キモチわるいひとたちと一緒にいなければならないのは、拷問に近い。いじめにあったことのあるひとなら、この気分はよくわかるだろう。

そのくらいなら、ひとりで自然のなかに避難したほうがずっとましだ。都会っ子なら書物のなかに逃避するだろうか。書物のなかにも、自分の見知らぬだれかとの出会いがある。しかも、時間と空間を超えた、豊かな出会いが。

おひとり力は性格だけでなく、生活習慣の産物でもある。

『文藝春秋』というオジサマ雑誌の臨時増刊で『おひとりさまマガジン』特集号（2008年12月号）の編集長をやらせてもらったときのことだ。現役おひとりさまたちを対象に、「おひとりさま大アンケート」を実施した。「ひとりのとき、なにをしていますか？」という問いに対して、こんな答えが返ってきた。

「ひとり暮らしが基本なので、ふつうに暮らしています。ひとりだからといって特別なことはしていません。こんな愚問には答えられません」

いや、まったく。

自然は最良の友

世の中には、ひとりでいることがちっとも苦にならず、ひとりを好むひともいる。「おひとり力」のあるひとには、自然のなかで子ども時代を送ったひとが少なくない。野山を歩きまわったり、一日じゅう小川で遊んだり……。疎開学童でいじめにあったことのある世代には、自然のなかにいることが癒しで、何時間ひとりでいても飽きることがなかった、というひともいる。自然は少しもじっとしていない。陽は刻々と翳《かげ》るし、風のざわめきがある。虫たちの気配があるし、鳥たちのさえずりも注意して聴けば、うるさいくらいだ。

行動する作家だった開高健さんに、ベトナム戦争のルポルタージュがある。米軍に従軍して森のなかを行軍中、ベトコンの気配を感じて、兵士がいっせいに木陰に伏せたときのことだ。いつどこからベトコンに狙撃されるかわからない極限の緊張状態のなかで、開高さんの隣に伏せていた若いＧＩが、ふとアタマを起こして、こうつぶやいたという。

「森はにぎやかだね Forest is loud」

そう。行軍のもの音がしずまりかえった森で、亜熱帯の鳥たちが嬉々としてにぎやかにさえずるのが、くっきりと彼の耳に届いたのだ。たしかに生きている、と。同じような経験を、敗残兵としてフィリピンの熱帯樹林を彷徨《ほうこう》した作家の大岡昇平さんも語っている。孤独な魂には、自然が最良の友だ。

おひとりさまの至福を感じるとき

わたしの友人にも山登りは単独行で、と決めているひとがいる。なぜだか、ほとんど男性だ。山の単独行は危険がいっぱい。ねんざでもしたら最後、動けなくなってだれにも助けてもらえない。ときどき単独行同士が行き交うことはあるが、休憩時間にふたことみこと交わしたあとは、同じ方向に行くことがわかっていても、やっぱり分かれていく。単独行の登山者は、ほかの単独行の登山者と道中を共にしない。自分のペースを他人に乱されたくない、ということもあるが、基本的にひとりでいることが好きなのだろう。

わたしなどは、稜線のお花畑などに出合うと、だれかかたわらにいるひとと、「きれいねえ」「ホントに」とことばを交わして喜びを共有したいと思うほうだ。だれかと喜びを共有すれば、喜びは減るどころか倍以上になる。

いっぽう単独行のひとは、お花畑で足をとめ、けなげに咲いている高山の花々をひとりでしみじみと愛《め》でるのだろう。こんなに豊かな自然が、惜しげもなく自分を受けいれてくれることに感謝して。

おひとりさまの至福は、ときにだれにでも訪れる。外国に暮らしはじめてまだ友だちがいなかったころ、借りたアパートの中庭にある木立の影が、日が翳《かげ》るにしたがってゆっくりと日時計のように移るのを、午後の遅い時間から飽きもせずに眺めたことがある。だれにも邪魔されたくない、このうえもなく幸せな時間だった。

ひとりでいてもさみしくない場所

男おひとりさまには「居場所」のないひとが多い。友人もおらず、出かける先もなく、ひきこもり同様になる男性は、年齢を問わず少なくない。

だから、「居場所探し」は、「私探し」と同じくらいの大問題。ひきこもりの高齢者や青年たちに、安心して出てこられる地域の居場所を提供しようという動きがある。

だが、若者ではあるまいし。10代や20代の若者が「私探し」をするのとは違って、50代、60代の「人間を半世紀以上やってきたベテラン」にいまさら「私探し」なんてやってほしくないし、同じように、「居場所」をわざわざ他人につくってもらわなくてもよさそうだ。

AV男優でモテこそ命、と生きていたはずの二村ヒトシさんが、『すべてはモテるためである』（ロングセラーズ、1998年）という本を書いた。モテないことに悩んでいる男性向けに、なんであなたがモテないのかを、じゅんじゅんと説いたノウハウ本に見せて、ただのノウハウ本を超えた人生哲学の書となっている。あまりにおもしろくて、その本が文庫（『モテるための哲学』幻冬舎文庫、2002年）になるときに、解説まで書いた。そのなかに、この一文を見つけるためなら、彼の本を1冊読むねうちがあると思えるほどの名文がある。紹介したい。

「居場所とは、ひとりでいてもさみしくない場所のことである」

うなったね。女性とも男性とも、文字どおりハンパでなくカラダを張ってつきあってきた二村さんならではの発言。

半世紀以上、人間をやってきたのだから、居場所くらい、他人につくってもらわなくても自分でつくる。おひとりさまならそのくらいの気概があるだろう。

同行二人のひとり遍路

四国八十八カ所をめぐるお遍路さんは、よく「同行二人《どうぎようににん》」と記した杖をついている。笈摺《おいずる》と呼ばれる白衣の背に同じ文字が書かれていることもある。はじめてそのことばを知ったとき、わたしは「旅は道づれ」のことかと誤解した。お遍路道にはいくにんものひとが行き交い、お遍路宿もあれば、ご接待所もある。袖すり合うも他生《たしよう》の縁。同じ道中なら道行きをつかのまでもともにしましょう、という習慣のことかと思ったのだ。あとで無知を恥じた。

「同行二人」とは、ひとり遍路の旅路に、お大師さん（弘法大師）がついてきてくれる、という伝承からきている。それほどまでにひとりの道中が心細く人恋しい気分なのだろう、と解釈するのはまちがっている。お大師さんがついているから、ひとりでもだいじょうぶ、むしろお大師さん以外の道づれをいさぎよしとしない、という敬虔《けいけん》な心がまえと解するのが正しい。

そういえば、四国の遍路道を歩み去る漂泊の乞食坊主、俳人の種田山頭火《たねださんとうか》は、ひとりの姿が絵になる。山頭火がお遍路の一団を引率などしていた日には、山頭火神話がこわれてしまう。

　うしろすがたのしぐれてゆくか　山頭火

山頭火はやっぱり集団に背を向けて、時雨《しぐれ》のなかをひとり消えていくのがよい。そしてなぜだか、山頭火ファンは圧倒的に男なのである。

それというのも、男がほんとうにひとりが好きだからなのか、それともひとりになりたいと思いながらそうできない自分に内心忸怩《じくじ》たる思いを抱いているからなのか。どちらかは判然としない。

「おひとり力」検定一級

そういえば、男おひとりさまの決定版はソローの『森の生活』だ。日本版は鴨《かも》長明《ちょうめい》の『方丈記』。どちらもファンは、ほとんどが男性だと思う。

ちょっと気のきいた男に話をふってみると、急に目をうるませて、「ソローの森の生活。いいなあ、あこがれだなあ」と言うのを目にすることがある。自然のなかの小さくて質素な家で、だれにも邪魔されずに自給自足の暮らしを送りたい、という実現する可能性のない夢をもっている男性が多いことにおどろく。

近代になってから自己流謫《るたく》（罪によって遠方に流されること）同然の方丈暮らしに新たな神話をつけくわえたのは、幕末の探検家、松浦武四郎（1818〜1888年）。伊能忠敬《いのうただたか》（1745〜1818年）は有名だが、松浦のほうはコアなファン以外には知られていない。蝦夷地《えぞち》の探検家で「北海道人」と号した。「北海道」という地名はここから来ている。

晩年は踏査した各地から集めた木材を寄せて畳一畳の小さな寓居《ぐうきょ》を建て、そこに自分を幽閉《ゆうへい》するようにして生涯を閉じた。蝦夷地が明治政府の侵略の対象になっていくことに憮然たる思いをもっていたために、一種の自己処罰のような暮らしを選んだのだという説もあるが、はっきりしない。

死後は寄せ木細工の寓居を燃やしてくれるように遺族に言い残したが、遺族は遺言に背《そむ》いてその建物を保存した。現在では三鷹市の国際基督教大学の構内に移築・保存されている。松浦武四郎を知っていれば、「おひとり力」検定の一級くらいにはなる。さて、あなたは？

第3章 よい介護はカネで買えるか

男おひとりさまのふところ事情

女おひとりさまと男おひとりさまの老後の暮らしは、とりわけカネをめぐって対照的だ。高齢の女おひとりさまの問題のトップに来るのは、貧困。80代以上の女性の貧困率は55・9%、対して同世代の男性は42・6%（国民生活基礎調査、2007年）。

というのも女性には、無年金、低年金のひとが多いからだ。生活保護率も高い。この世代の女性には、自分の収入のなかったひとたちが多いし、そのうえ、こんなに長生きするとは予想もしていなかったことだろう。

他方、男おひとりさまにも、やっぱり貧困は大きな問題だ。この世代には農業や商工自営業者が多く、やはり低年金、無年金者が多いからだ。それに加えて問題なのは、孤立、孤独、ひきこもり。もともと高齢でおひとりさまになるのは、妻よりも長生きしたから。ご本人が平均寿命よりも長命である可能性が高いから、同世代の仲間や友人たちには、次々に先立たれている。

平均寿命に達したときに、その年齢のひとびとのほぼ半数があの世へ行っている、と考えてよい。おひとりさまになる確率が高いのは、残り半分の生きのびたほう。長生きすればするほど、知友が他界する哀しみを味わうのは生き残ったひとたちだ。とはいえ、「男の友情」をどんなに大事にしてきても、どたんばで困ったときにはあまりあてにならないことは、すでに述べた。

「2階建て年金」のリッチ層はごく一部

実のところ、男女を問わず、高齢者のふところ具合はそんなに暖かくない。それというのも、80代以上の世代には自営業者の比率がけっこう高く、このひとたちは国民年金を支払ってきたが、受給額が満額でも1カ月6万円強と低額だからだ。

リッチなのは、1階部分の基礎年金に加えて、2階建て部分のある厚生年金や共済年金を受けとっている高齢者。このひとたちは、定年まで勤め上げた大企業のサラリーマンや公務員だが、同世代の人口に対して3割程度しかいない。夫婦で毎年海外旅行に行ったり、孫にも潤沢にこづかいをやっていると羨まれるのはこの層だが、そんなに数が多いわけではない。

「年金食い逃げ」とかいわれて、派遣切りにあった「ロスジェネ」ことロストジェネレーション（失われた世代。大学を出たころに就職氷河期を経験したことからこう呼ばれる）の若者たちの怨嗟《えんさ》と非難の的になるのは、高齢者のなかでもごく一部にすぎない。

とはいえ、たしかに高卒や大卒でサラリーマンライフを長期間にわたって送ってきて、不況でリストラにあう前に企業を無事に定年退職し、退職金を値切られずに受けとり、がたついたとはいえ、まだもちこたえている厚生年金や共済年金を受けとっている男性たちの老後は、経済的には安定している。

このひとたちは、たとえ親から家屋敷を受け継がなくても、自分の一生を抵当に入れてローンを組み、定年までにはローンを払い終わった持ち家を確保していることが多いので、たいがい自分名義の資産を保有している。ローンを組む世帯主の年齢は平均して30代。現在の高齢者は、バブル期の土地高騰以前に持ち家を取得しているので、バブルがはじけたといえども、持ち家の資産価値が取得価格を上回るキャピタルゲイン（保有資産の値上がりで生じる利益）を得ているはずだ。

バブルの狂乱で多くのひとたちが痛い目にあったが、それにのっかって労せずキャピタルゲインを得た点で、この世代はバブルからおいしい思いも味わった〝共犯者〟ではある。この世代のひとたちのなかには、バブル期のピークに東京都内の40坪の宅地を売り、地方にビルをひとつ建てて老後の安泰をはかったひともいる。

こういう男おひとりさまなら、経済的な問題はない。妻に先立たれても、自分の年金は減らないから、むしろ暮らしにゆとりができるくらいだ。考えてみれば、夫婦でいるあいだに受けとっている年金が、夫が先立ったら４分の３に減額され、妻が先立ったら同額のままというのも、ヘンじゃないだろうか。これでは、おひとりさまの男と女とでは、生活費のかかり方に差がある、と言っているのと同じ。つまり女おひとりさまは、男おひとりさまよりも質素に暮らせ、と命じられているようなものだ。

カネはあれども不安な老後

ともあれ、男おひとりさまの勝ち組には、フロー（年金）とストック（資産）の両方がある。財テクに成功したひとなら、敷地の一部に賃貸アパートを建てたりして、さらにプラスアルファの収入も確保している。フローがあれば、子どもたちには頼らなくてもすむし、ストックがあれば、いくつになっても子どもたちをコントロールできる。気に入らない嫁と結婚した長男にではなく、教養はないが心やさしい妻をめとった次男夫婦に自分の介護を頼み、資産を残してやろうというたくらみもできる……と思っているのかもしれない。

だが、駅前一等地の駐車場とか、首都圏23区内の土地付き一戸建てとかいうレベルの資産でないかぎり、ストック目当てで子どもが介護を引き受けるとは思わないほうが賢明だ。だったら再婚して、新しい妻に老後のめんどうをみてもらおうと思っても、ローンを払い終わったマンション一戸程度の資産では、女はなびかない。それに、仮に女がなびいたとしても、老婚の途上にたちはだかる〝抵抗勢力〟は子どもたち。資産があればあるほどもめごとが起きるので、せっかく女性との関係ができても、法的な結婚に子どもたちは大反対する。それをおしきってまでの決断はむずかしい。ヘタすれば子どもたちと絶縁することになりかねない。

とはいえ、老婚に反対する子どもたちも、父親の介護はパスしたい。となると着地点は、父親と関係のできた女性には法律婚ではなく事実婚をしていただいて、父親を看とってもらったあと、相応の「謝礼」を支払って、きれいに身を引いていただくこと。先妻すなわち子どもたちの母親のいる墓に入れるなど、もってのほか。

そんなにつごうよくいくだろうか。分厚い札束でツラを張ってもらいでもしなければ、こんなにないがしろにされる立場に、女性が甘んじるとは思えない。よほどの大金持ちでもないかぎり、こんなオプションは、庶民の男には縁がないと考えたほうがよさそうだ。

在宅介護は妻が不可欠？

在宅で最後までがんばって看とってもらえるのは、相手が妻だからこそ。第1章で紹介した笹谷さんは、続柄別の介護スタイルのちがいを分析している。夫による妻の介護が「介護者主導型介護」になることはすでに述べた。それなら、妻による夫の介護には、どんな特徴があるか。多くの既婚男性は妻に看とられてあの世へ行けると思っているらしいから、これが順当な介護だと考えているのだろうが、これだって、夫婦ふたりきりの世帯が増えてから以降の新しい現象である。

高齢化した夫婦世帯では、夫婦がそろっているあいだは、できるだけ子世帯に迷惑をかけず、歯を食いしばっても夫婦のあいだで世話をしようというルールが確立しつつある。だからこそ、夫による妻の介護も増えてきたのだ。

年齢順からいえば順当にみえる妻による夫の介護も、その夫婦間介護の産物である。夫が要介護状態になったときには、よほど若い妻と結婚していないかぎり、妻のほうもかなりの年齢に達しているはずだ。だから夫婦間介護には、70代の妻が80代の夫の介護をするといった「老老介護」の傾向がある。

それだけでなく、介護は「体重との闘い」といわれることがある。夫による妻の介護と、妻による夫の介護とのちがいは、この「体重」のちがい。いや、笑いごとではない。床ずれができないように体位交換するにも、朝、ベッドから起こして車いすに移動するにも、要介護者の体重が重いと、重労働になる。プロの介護士でも腰痛が職業病になるくらい。わけても高齢の女性は、ホルモンの変化のせいで骨密度が低下しているから、骨がもろくなっている。骨折でもすれば、介護者のほうこそ命取りになるだろう。

ワンマンな父親はめんどうな患者

妻による夫の介護のもうひとつの特徴は、要介護者が重度の傾向があることだ。というのも、ぎりぎりまで在宅で、と妻ががんばるのと、施設に入るのを本人がイヤがるからだ。なかには、ヘルパーさんを家に入れるのをイヤがる夫もいる。自分のカラダを妻や娘以外がさわるのを拒否する男性も多い。

サチコさん(52歳)の80代になる父親は、がんで入院していながら、看護師さんにカラダを触れられるのをイヤがった。そのため、妻とサチコさんたち姉妹が毎日交替で病院通いをした。美食家だった父親は、病院の食事もまずいと文句をいい、家で食事をつくって運ぶのもひとしごとだった。毎日の生活が父親の看病を中心にまわり、ほかのことに手をつける余裕などなかった。

病院に入れてもらっているのに家族の負担は重く、これだけの犠牲をはらいながら、病院からはめんどうな患者とみられ、肩身の狭い思いをした。それというのも、それまでワンマンで通してきた父親の意向を汲んだからだが、妻とふたりの娘という献身的な女手が3人分もなければ、とうてい実行できなかっただろう。やるだけのことはやったが、ほんとうにこれでよかったのだろうか、と釈然としない思いが残る。

夫の顔色をみて暮らしてきた母親は、「お父さんの思うようにしてあげたい」の一点張りだったが、サチコさんと姉とは、暴君だった父親のためというより、このままでは母親が倒れると思ったからこそ手を出した。

「お父さんをあんなふうにしたのは、お母さん、あなたでしょ」と言いたい気持ちもあったが、がんとわかったあと憔悴《しょうすい》して気持ちの乱れた父親の姿を見て、ことばを飲みこんだ。父を看とったあと、母親が安堵の表情を浮かべたのもたしかだ。

第三者が介入しにくい夫婦間介護

妻による夫の介護は、要介護度が重い「老老介護」になる傾向があるだけではない。他人を入れたがらないから、家庭の密室性が高まり、第三者が手を出しにくくなる。家族介護者をめぐる調査では、いったん主たる家族介護者が決まると、ほかの親族は手を出さなくなる傾向があることがわかっている。夫婦間介護のうち、夫による妻の介護には第三者が介入しがちだが、妻による夫の介護では、妻の孤立が強まる。

重度の要介護者のそばに24時間体制で侍《はべ》っていれば、外出もままにならない。介護保険でヘルパーさんが使えるようになっても、かたときも夫のかたわらを離れようとしない妻もいる。買い物や郵便局への用足しなどは、わずかな時間を盗んでそそくさとすませ大急ぎで帰ってくる。愛情からばかりとはいえない。そうしないと夫が不機嫌になるからだ。こういう夫婦間介護では、公的機関の支援があることがわかっていても、第三者の介入がむずかしい。

妻の管理下に置かれる夫

こういう24時間体制の妻の献身は、夫にとってうれしいか？

タケオさん（78歳）は、脳梗塞で半身麻痺になり、在宅で介護を受けている。妻は一日じゅう自分のそばを離れないが、心身ともに追いつめられていて、目がつりあがっている。それまで要職にあって外に出ずっぱりだったタケオさんは、妻を大事にしてきたとはいえず、ここまでの妻の献身に内心忸怩たる思いがある。自分を愛しているからだと思いたいが、どうもそうとは思えず、妻の「分」を果たして、親族一同のだれからも後ろ指を指されまい、という妻の必死の覚悟が伝わってきてこわいくらいだ。

風呂場で倒れて麻痺になってから、妻はもともと高血圧だったタケオさんを風呂に入れることをこわがるようになった。妻ひとりの体力では、とうてい大男のタケオさんを風呂に入れることはできない。それに妻ひとりの体力では、とうてい大男利用せず、ずっと熱いおしぼりでカラダを清拭《せいしき》するだけ。いつかお湯を張った浴槽にゆったり身を沈めてみたいと思うが、それを言っても却下される。

ヘルパーさんが来てくれるようになって、短時間だが、妻は外出するようになった。若いヘルパーさんが、「タケオさん、お風呂、入りましょうか」と言ってくれる。「だいじょうぶですよ、わたしがお手伝いしますから」とまで言ってくれるが、妻に言えばぜったいに反対されるだろう。抵抗してもムダなので、あきらめが先に立つ。「奥さんのいらっしゃらないときに、お風呂に入れてさしあげたいのだけど」という提案もあったが、妻はいつも外出先から息せき切って帰ってくるので、そんなヒマもない。妻は、タケオさんを自分の管理下に置いておかないと気がすまないようだ……。

過去のうらみつらみが老後の仕返しに

どんなに社会的地位の高かったひとでも、要介護になれば介護者の管理下に置かれる〝弱者〟になる。タケオさんもはためには献身的な妻に支えられる幸せな夫、だろう。妻の側は妻の側で、夫の介護を強制される被害者だと、自分のことを思っているかもしれない。夫婦間介護、わけても力関係の逆転する妻による夫の介護では、どちらが強者でどちらが弱者かわからない錯綜《さくそう》した事例に出合う。

第三者の目が入らない、こういう密室状況の介護のもとでは、介護虐待も起きる。とりわけ夫婦のあいだでは、「あのとき、あなたは……」と、過去のうらみつらみがフラッシュバックすることを覚悟しておいたほうがよい。

トラウマの原因は主としてふたつ。ひとつは不倫だが、もうひとつは子育ての際の非協力。本人が覚えていない、かっとしてふるった暴力などもトラウマになる。「そんなに昔のことを……」と抗弁してもムダ。そのとき、うらみや不満をのみこんだぶんだけ、受けたキズは癒されずに生々しく何度でも再生されるのがトラウマだと、知っておいたほうがよい。

これから父親になる若い男性に、いつもわたしが警告することがある。はじめて母親になった緊張とストレスのもとにある妻が、ある日、夜泣きをやめない子どもをあやしているときに、「うるさい、黙らせろ」とひとこと言ったが最後、「生涯うらまれるからね、気をつけたほうがいいよ」と。

昔の妻とちがって、いまどきの妻はこんなことを言われるとキレる。「あなたと一緒につくった子どもでしょ」と言いたい気持ちがあるからだ。親の時代ならともかく、「育児はおまえの役目だろ」という言い分はもう通用しない。出産と育児のコストがこんなに高くなった今日では、妻は「産んであげてる」感すらもっている。

ユカさん（33歳）は第1子を産んだあと、泣きやまない息子をかかえて慣れない育児に追いつめられているときに、夫が自分と赤ん坊を置いて友人たちとスキーに行ったことを、いまでも許せないでいる。もともとスキー宿で知り合った仲だった。自分だけを置いていくなんて、「考えらんない」のが、いまどきの若い妻たちというものだ。

「お父さん、悪いけど施設に行ってね」

笹谷さんの調査では、妻が夫の介護を引き受けるのは、「ほかに介護の人手がないから」。つまり選べない介護なのだ。

先にあげたサチコさんの例でも、父親の介護に娘たちが手を出したのは、母親の介護を支援するため。もし母親が先に逝っていたら、娘たちがここまで父親に献身したかどうかは疑わしい。「お父さん、わがまま言わないで。看護師さんにやってもらいなさい。わたしたちだって忙しいんだから」と言い放ったことだろう。妻より、娘のほうが父親にはきびしい、と覚悟しておこう。ましてや嫁の介護は期待できない。妻がいるからこそ、その妻の支援に娘や嫁が協力してくれる、と考えたほうがよい。

これが期待できなくなるのが、妻に先立たれた男おひとりさまというものだ。娘も嫁も、もっと早くに、「お父さん、いいところを探してあげたわ。悪いけど施設に行ってね」ということになるだろう。配偶者に先立たれた男おひとりさまと女おひとりさまとでは、家族が施設入居を選ぶのは、男おひとりさまのほうが多そうだ。

いくらあれば施設に入れるか

家族が頼りにならないとすれば、安心して最期まで看とってくれる有料老人ホームに入って、3食介護付きで過ごすには、いくら必要か。

終身利用権付きの有料老人ホームはずいぶん増えたが、どれも最初の入居金が数千万円台。月額利用料が20万から30万円程度。これに医療費や介護費用が別途かかれば、死ぬまでに5000～6000万円はかかるだろう。カネがなければ、三途の川も容易には渡してもらえない。

最近増えたのが、高齢者専用の賃貸住宅。地域相場の家賃でおひとりさま用の住宅を提供し、ケアを別途提供する。これだと入居金が数百万円台で、月額利用料が13～16万円程度とだいぶ安くなる。が、年金がこの額にとどかないひとも多いだろう。とはいえ、ふところ具合に応じてメニューが増えたのはありがたい。

だが、カネだけではじゅうぶんではない。なぜなら、高齢者の暮らしには、住宅というハードに加えて、サービスというソフトの組み合わせが不可欠だからだ。設備や広さや立地は、たしかにカネで買える。だが、断言するが、よいケアはカネでは買えない。

高額のおカネを出して有料老人ホームに入ったものの、入居者が少なくて経営難におちいっているところもあるし、理事長が入居金を持ち逃げしたところもある。要介護状態になると、せっかく入った居室から、介護室という名の狭い多床室に移されることもあるし、認知症になると、「ほかの入居者の方に迷惑がかかるので出ていってください」と言われることもある。いったんケアが始まったら、ケアの質に不満をもっても出ていくわけにいかない。そもそも入居を決めたときには、まだ介護が必要になっていないから、どんなケアを提供してくれるのかは、身をもってチェックしていない。

ケアというサービス商品に限っては、価格と品質が連動しないことは歴史が教える事実である。見かけは豪華な施設にも、「拘束」（手や身体を縛ること）のような高齢者虐待があることは知られている。理由はかんたん。**ケアというサービス商品は、利用者と購買者が一致しない**からだ。事業者はどうしても、購買者のほうを向いてしまう。

購買者とはだれか、といえば家族のこと。高齢者を施設に入れた家族にとって、最大のサービスとは、高齢者を家に帰さないことだ。つまり施設とは、小笠原和彦さんが書いたノンフィクションの題名どおり『出口のない家』（現代書館、２００６年）、つまり多くの高齢者にとって、いったん入ったら生きては出られない場所なのだ。見かけの豪華さや、利用料金の高さなどは、高齢者をウバ捨てした家族のやましさの代償。高いほどありがたみが増すのは、効果があってもなくても売れるアンチエイジング化粧品と同じ。そりの合わない母親を高額の施設に入れた、絵本作家の佐野洋子さんは、「わたしは母をカネで捨てた」と率直に言う（『シズコさん』新潮社、２００８年／新潮文庫、２０１０年）。

個室のおネダンは？

岐阜市近郊にある社会福祉法人サンビレッジ新生苑は、介護保険施行前に、月額費用36万円の完全個室自由契約型特養を、多床室の特別養護老人ホームに付設したパイオニア。個室はホテルなみの豪華な仕様だ。地方都市で、それだけの料金を払って親を入居させるひとがいるか、とあやぶまれたが、30床はあっというまに埋まった。これだけ払っても、ほかに行き場のないひとたちのニーズがあったということだろう。

その後、２００３年の厚生労働省の新型特養建設推進で、原則個室のユニットケア棟を新たに増築した。自由契約型特養は介護保険になってふつうの特養になり、個室料は24万円、ユニットケアの新型特養では、特養の施設費用にホテルコスト（室料など）を加えても約14万円程度ですむ。同じ個室が利用できるなら、と自由型特養からユニットケア棟へと移動を求める利用者がいたという。個室がスタンダードになれば、高い費用負担をしなくてもすむ。

料金に差はあっても、ケアに差はつけない

この新生苑の経営者、石原美智子さんは、ユニークな経営ポリシーをもっている。同じ法人が、自由契約型の個室特養、新型特養ことユニットケアの個室、従来型の多床室４人部屋の特養を経営している。利用料は、それぞれ月額24万円、ユニットケアは14万円、多床室は６万円程度で、生活保護世帯なら無料で入居できる。

市場原理の社会なら、払った料金に対して格差があってあたりまえ。居室の広さや設備、食事等に差がつくのは、飛行機のファーストクラスとエコノミークラスで、座席の座り心地や、食事のグレードに差がつくのと同じ。だが、ケアの質には差をつけない。飛行機の比喩をふたたび使えば、ファーストクラスだろうが、エコノミークラスだろうが、目的地まで安全に送り届けるというサービスには差をつけない、

と断言する。

もともと特養の基準介護は、4人部屋などの多床室に、(常勤換算で)利用者3人につき1人の職員配置が原則だ。こんな貧しい条件が、「基準」とはおそれいるが、ようやく全室個室が原則のユニットケアになっても、3対1の職員配置は変わらない。それどころか、厚労省は、ユニットケアをスタートさせたときには、新規建設の特養は全室個室でなければ補助金を出さない、とまで強い姿勢に出たのに、その後の介護保険見直しの際に、在宅高齢者と費用負担のバランスがとれないからという理由で、個室利用者からホテルコストを徴収しはじめた。暮らしの場なら、居室は個室があたりまえ。個室に料金が発生するのは、もともとの基準が低すぎるからだ。

だが、3対1の基準配置では、まともな介護はできないと、ほとんどの経営者はわかっている。だからコストが許すかぎり、ぎりぎりまで職員を増やして、この配置を手厚くしようとしている。理想は1対1だが、それは不可能。せめて1・5対1までもっていきたいが、それでは採算がとれない。多くの経営者は、2対1に近い配置を求めて試行錯誤している。新生苑では、2・4対1の職員配置を達成していて、この施設が良心的な経営をしていることがわかる。

サービスの質を測る尺度とは？

実のところ、サービスの質を測定する尺度はどこにもない。いまのところ、サービスの質を測る基準は、利用者何人に対して職員（常勤の職員に換算して）1人という数値のみ。職員配置の手厚さだけが基準で、その職員の実践しているケアがどんなケアかは、受けてみるまでわからない。

経験年数が長くベテランの職員なのか、正規職員で安定雇用を確保しているのか、夜勤の負担が重すぎず、ゆとりのある勤務体制なのか……等々がケアの質に関係してくるとなれば、職員配置だけでなく、その施設の職員の離職率の高さや平均勤続年数、正職員の占める割合、夜勤の頻度などが、測定の尺度になる。

しかも、これはあちらを立てればこちらが立たずの痛しかゆしの基準だ。出来高払いで収入が決まっている介護保険制度のもとで、手厚い職員配置をしようとすれば、人件費を抑えるしかない。常勤を減らして非常勤職員を増やせば人件費は安くなる。だが非常勤職員は、定着率が低く、勤続年数が短く、夜勤ができない場合が多い。そうなればそのしわよせは、少ない人数の正職員にまわってくる。

よいサービスとは、結局、利用者が受けたいケアのことなのだが、それを実現しようとすれば、個別ケアが理想。個室ケアはその前提だ。そのために北欧では実現できている1対1の標準が、日本では夢のまた夢なのだ。

「安心」はいくらあれば買えるのか

社会福祉法人、株式会社、NPOと複数の法人格を使い分けて、特養施設からグループホーム、デイサービス、ホームヘルプ事業までを多角的に経営している新生苑では、多職種連携もうまくとれている。入院中からケアマネージャーがついて、退院後の在宅移行をスムーズにし、ホームヘルプを入れて家族と本人の安心を確保し、デイサービスやショートステイで在宅支援を行い、施設の短期入所でリハビリを集中的に実施し、いざとなれば終末期ケアも行う。ひとりの利用者を総合的にとらえているから、きめの細かい個別ケアが可能になっているのだ。

新生苑では、新規事業で駅ビルに退院後の移行期や、終末期ケアを専門にする短期滞在のケア付きホテルをスタートした。夜間看護師も常駐して、契約した医療機関とのあいだに24時間対応の医療体制もある。末期がんの患者さんでも、緩和ケアを受けながら、ここで終末期を迎えることができる。駅ビルなので、家族の足の便もよく、重宝がられている。

利用料金は1泊3万7200円。都内の高級ホテルなみの値段だが、管理・共益費、食事代、介護料金込みでターミナルケアまでやってもらえる（医療費と消耗品代は別）。設備とロケーション、人材配置、サービス内容からいってけっして高くないと思うが、だれにでも手が届く金額ではない。

わたしがお訪ねしたときには、末期がんとは思えない機嫌のよいおじさまがソファに座って、若い女性介護士さんと大型液晶画面のテレビを見ていらした。やりとりが面白いらしく、笑い声がした。聞けば、高齢の奥さまに在宅介護の能力がなく、がん病棟から退院してホスピス代わりに利用しておられるとか。

終末期に安心して過ごせる施設があれば、病院から退院することもできるし、家族の負担も少なくてすむ。集中的なケアを必要とする終末期を安心して送る料金と考えれば、高いだろうか、安いだろうか。

個室か、雑居部屋か

介護施設に全室個室のユニットケアが導入されたとき、ユニットケア憎し、とばかりに口をきわめて批判した介護業界のカリスマがいる。理学療法士の三好春樹さんだ。

三好さんによると、年寄りは個室などのぞんでいない、他人の気配のある雑居空間のほうがずっとおちつく、とりわけ自我の境界が溶解していく認知症の年寄りを個室に入れるなどもってのほか。年寄りを個室に入れよというのは、近代主義に汚染されたスウェーデンかぶれのインテリばかり、という。

だがこれも、三好さんが現在相手にしている70代、80代の日本人には通用しても、それから下の世代にはどうだろうか。

2003年に全室個室の「新型特養」を推進した厚労省は、2005年の「見直し」では、個室利用者からホテルコストを徴収するようになった。その結果、個室から多床室へと〝逆流〟したお年寄りもいる。その理由は、家族が経費を負担しきれないから、というものである。なにしろ月額経費が突然ひとケタはねあがったからだ。

実際にユニットケアを導入してみると、最初は慣れなかったひとも、なじんでみると個室の満足度は高い。雑居部屋と個室の両方を経験した利用者で、もとの雑居部屋へ戻りたいというひとはほとんどいない。

調査によれば、個室にしたあとのほうが、職員と入居者の会話も増え、話題も介護に関連するものに限定されなくなった。家族の訪問の頻度も増え、滞在時間も長くなった。個室は利用者にもその家族にも満足をもたらす。

三好さんの説では、認知症者に個室は合わないというが、スウェーデンでは重度の認知症者も個室が基本。スウェーデンでできることが日本でできないはずがない。

三好さんいうところの「スウェーデンかぶれ」の建築家、日本にユニットケアをもちこむ立役者となった外山義《とやまただし》さんの実証研究によれば、雑居部屋のお年寄りが仲がよいとはかぎらない。薄いカーテン一枚を隔てて隣り合った4人部屋のお年寄りは、互いに目を合わさないように背を向けあい、会話も少なかったという。

施設に入居している認知症のお年寄りに、外山さんが調査をしたときのこと。空間感覚を調べるために、「ここはどこですか?」という質問をすると、「ここは学校です」という答えが返ってきた。

なるほど、広い廊下、ずらりとならんだ教室のような部屋、そのなかに詰めこまれたお年寄り、粗相《そそう》をすると叱責が飛んできそうな職員たち……そりゃ、学校にみえるだろう。認知症者の想像力をあなどってはいけない。

たいがいの子どもは学校にあまりよい思い出をもっていないものだ。わたしもそのひとり。「ここは学校です」と答えるお年寄りが、よい意味で言っているとは思えない。人生の最後を、もう一度楽しくもない学校に収容されて暮らさなければならないなんて、情けないことではないだろうか。

ちょうどいい他人との距離は?

昔の農村の日本家屋では、田の字型の配置の広い屋内で、納戸と呼ばれる狭い部屋に家族が布団をならべて雑魚寝《ざこね》した。そこに忍んできた夜這いの若者が、まっくらやみのなかで姉娘と妹娘をとりちがえた、という笑い話もあったくらいだ。

岡山のさる大学で「家族を超える住まい」を講じたときのこと。自分の家のフロアプランと家族の寝方を書いてきてほしいという課題を出したところ、びっくりするような答えが返ってきた。

夫婦と成人した娘２人の４人家族が全員一室に集まって寝ているという。住宅環境のよい岡山では家族の数より部屋数が多い家もめずらしくない。それなのに、まるで犬や猫の仔のようにかたまって身を寄せ合うのが習性なのかとおどろいたが、タネあかしを聞くと、この部屋にしかクーラーがなくて、ほかの部屋だと夏は暑くて寝ていられないからだという。それにしても、もともと雑魚寝に抵抗感がないのだろう。

小さいときから個室で育ったきょうびの子どもたちは、大きくなっても雑魚寝になじめない。新婚のカップルでも、相手の気配が気になるので寝室をべつにしているというひとたちがいる。仲が悪いわけでも、セックスレスなわけでもない。ベッドをともにするのはセックスをするときだけ。寝るときはべつべつ。

考えてみれば寝室というものが、セックス用と就寝用を兼ねるということ自体がヘンかもしれない。「同床異夢」というが、ホントはふたりいれば「異床異夢」のはず。そのほうがぐっすり眠れる。もともとセックスと就寝とはべつべつの用途だから、空間を分けるのは理にかなっている。

他人の気配をどの距離で感じるのがいちばん好もしいかも、ひとそれぞれ。体温を感じるくらいの距離がよいというひともいれば、襖ひとつ隔てた隣室がよいと思うひともいる。いや襖や障子ではこころもとない、壁一枚隔てたほうが、いやいや、階上と階下で、そこはかと物音がするくらいがちょうど……といろいろだ。

離婚して田舎の一軒屋にひとり暮らしをしている男性の友人をアメリカに訪ねたときのこと。2階のひと部屋をわたしにあてがってくれて、数日間滞在した。「ひとり暮らしの静謐《せいひつ》を乱してごめんね」というわたしに、こんな答えが返ってきた。

「階上にブルネット（黒髪）の気配があるくらいが、ちょうどいいんだ」

ウイットに富んだ答えだった。彼はブロンドが来ても、ブルネットをブロンドに置き換えて、同じことを言うだろう。

和室か、洋室か

空間の身体感覚は、生活習慣によってつくられる文化的なものだ。生活習慣を大事にするなら、いまの高齢者施設が、床座ではなく椅子座になっていることも、日本のお年寄りには合わない。個室を導入している施設では、入居者の希望で、畳を敷いて和室仕様にしているところもある。座卓でお茶を飲む高齢者は、ほっこりくつろいでいる。建物が椅子座仕様なので、床座にしては窓が高いのが難だが。

ベッドと車いすはお年寄りのつごうではなく、職員のつごう。腰痛対策と移動がラクなためだ。ベッドの高さだって、お年寄りには高すぎる。病院のベッドと同じく、処置する側のつごうに合わせた高さになっているのだ。あんな高さだからこそ、落ちれば骨折などの事故が起きる。

日本家屋の床座は、下肢に障害があったり、筋力の衰えたお年寄りがいざって動くのに向いている。これにトイレが部屋に付設していれば、トイレ介助のいらなくなるお年寄りは増えるだろうし、移動にともなう介護事故も減るだろう。

もっとも、足腰の弱ったお年寄りにとっては、床座がつらいこともある。筋力が低下しているので立ち上がるのがむずかしい、膝が痛いので椅子のほうがラク、というひとも少なくない。床座か、椅子座か、どちらがいいかは、結局ケースバイケース。それぞれの身体状況や好みに合ったものを選択できればいいことだろう。

ケア付き住宅はおすすめか

ケア付き住宅や介護付き有料老人ホームは、住まい（ハード）とケア（ソフト）がセットになっているから安心という考え方もあるが、セットになっているからこそ、切り離すことができなくて不便ということもある。

介護保険のおかげで、ケアは全国一律、どこでどの業者のサービスを利用しても同一価格の公定料金になった。ということは、事業者の側からいえば、同じ条件の出来高払いで平等に市場に参入し、ほかの事業者と競合しながら利用者に選んでもらうということだ。だが、実際には、①サービス提供事業者の分布には地域差が大きく、選ぶほどの選択肢がない、②ケア付きの施設に入居してしまうと、外部のサービスはあっても選べない、ということが起きる。

実際、同じ条件のもとで事業を行いながら、よいケアを提供している事業所とそうでない事業所とのあいだには落差がある。利用者側からすれば、「同じ料金を支払っているのに……」ということになるが、実際には、複数のサービスを受けて、それを比べる経験をしたことのある利用者は少ないから、自分がいま受けているサービスに不満があっても耐えるしかない。

サービスをくらべて選べるシステム

神奈川県厚木市にあるNPO法人MOMOが経営するケア付き共同住宅「ポポロ」の考え方はユニークだ。経営の傾いた企業の独身寮を借り上げて、バリアフリーに改装。単身者向けの住宅にした。ここに高齢のおひとりさまや、障害をもったおひとりさまが入居している。

1カ月の費用は、家賃2万9000円、管理費9万円、食費5万6000円で、計17万5000円。同じ建物に介護ステーションを設置して、ケアを提供しているが、入居者には強制しない。要介護の入居者には外部のケアマネージャーがついて、個別のニーズに応じたカスタムメードのケアプランをつくる。ケアマネージャーが事業所所属ではないことがキモである。

都市部だから、ほかにもケアサービスを提供する民間事業者の選択肢がいろいろある。利用者のもとには、外部の事業所からいろいろなワーカーさんに入ってきてもらう。自分たちの提供するサービスを使ってもらうのはうれしいが、ほかの事業者とくらべて選んでもらえばよい。住まい（ハード）とサービス（ソフト）とが、施設内で完結しないよう、風通しのよいシステムをつくっている。この姿勢には感心した。

「くらべて選ぶ」という条件を可能にしているのは、よほど自分たちのケアに自信を持っているからこそ。そう言うと、代表の又木京子さんは苦笑した。

「そうじゃないんですよ。自分たちのサービスに自信がないから、よそさまに入っていただいて、監視してもらおうと思っているんです」

利用者を囲いこもうとする傾向のある介護保険事業者のなかで、こんな発言はめったに出てくるものではない。

小規模多機能型のリスク

その点でいえば、2006年に厚労省がモデル事業に指定した「小規模多機能型居宅介護施設」、しかも包括契約定額制は、問題の多い事業だ。在宅支援事業としてデイサービスからスタートした小規模多機能型の介護施設に、デイサービス（通い）のみならず、ショートステイ（泊まり）、ホームヘルプ（在宅支援）、ターミナルケア（看とり）まで「多機能」を背負わせて、そのうえ要介護度別に定額契約をすすめ、定額制のもとで限度なしにサービスが利用できるという制度である。

ちょっと聞くと、利用者にとっても有利な制度に思える。だが、裏返しにいえば、これだけのサービスを使い放題に使われては、事業者はたまらないだろう。この制度は事業者にとってはちっとも有利な制度ではなかったし、実際には、「小規模多機能型」のパイオニアとしてスタートした事業所のいくつもが、指定を受けなかった。

デイサービスとホームヘルプを両方もっているところは少ないし、デイサービスの利益率が相対的に高いのにくらべて、ホームヘルプ事業は、介護保険6事業のなかではもっとも収益率の低い事業だからだ。

密室化する施設介護への不安

そのうえ、この制度には致命的な欠陥があった。ひとつの事業所ですべてのサービスを請け負うからという理由で、ケアマネージャーを不要にしたのだ。

ケアマネ制度は、事業者と利用者をつなぐという理念のもとにつくられたもので、制度としてはよかったが、実際には、ケアマネが事業者に所属することを認めてしまったせいで、ケアマネの中立性が損なわれ、事業者への誘導が行われていることについては、初期のころから問題が指摘されてきた。事業所所属のケアマネは自分の利用者を手放したがらないので、ケアマネ要らずになる包括契約をすすめない傾向がある。

それにケアマネなしの包括契約では、その事業所でどんなケアが行われているか、監視する第三者がまったくいないことになる。現実にはケアの質もわからないし、定額の上限に合わせて、利用抑制が行われているという報告もある。

とりわけ小規模多機能型では、定員が少ないので、密室化しがち。いったん包括契約など結んでしまえば、サービスも選びにくいし、文句もいいにくい。外部の目も入らない。厚労省の役人はいったいなにを考えているんだろうか。

「小規模多機能型」は、もともと民間主導でできたモデル。それが役人の手を通って、厚労省の「モデル事業」を経て制度化されたとたん、似て非なるものになる。よけいなことをしてくれるな、と民間が思うのも当然だろう。

在宅単身介護は可能か

家族がいるばっかりに、家にいられない。とりわけ男おひとりさまだと、家族にもてあまされる。家族がいなくてよかった、と思うのは、こんなときだ。おひとりさまのわたしに家から出て行ってくれと言う者はだれもいない。放っておけないから、施設に入居してほしいと考える者もだれもいない。おひとりさまのよいところは、だれもわたしに代わって意思決定を代行する者がいない、ということだ。

介護保険がもともと在宅支援を理念としていたことは、すでに述べた。ところがスタートした初期の目算ちがいは、在宅支援事業に対するニーズよりも、施設入居志向がいっきょに高まったことだ。介護保険は、措置時代の施設入居の「ウバ捨て」という汚名を返上して、「中流家庭の子世代が、親を施設に入れることへのハードルを下げる効果があった」と皮肉な説まであらわれたくらいだ。介護が「恩恵から権利へ、措置から契約へ」変わったといわれる介護保険では、施設入居も「利用者の権利」になった。だが、この「利用者」は本人ではなく、もっぱら「家族」だった。というのも、**施設入居を自分からすすんで選ぶ高齢者はほとんどいないか**

らだ。

デイサービスはだれのため？

人口20万の地方都市、K市の市長が、こんな発言をしたことがある。

「ここらじゃ、介護保険の需要調査をしても、デイサービスやショートステイの希望はあるけれど、ホームヘルプなんてニーズがないんですよ」

だれのニーズを調べているのだろうか。この調査では、「利用者ニーズ」とはその実、家族ニーズのこと。デイサービスやショートステイにニーズが集まるのは、家族が年寄りに、ちょっとのあいだでもいいから家から出て行ってほしい、と思っている証拠である。高齢者本人のニーズとはかぎらない。

『当事者主権』（岩波新書、２００３年）という本をわたしと共著で書いた身体障害者、中西正司さんは、もっとラディカルだ。デイサービスとショートステイはいらない、と主張する。なぜなら、利用者本人のニーズのなかには、どちらもないからだ。

デイサービスもショートステイも、出ていってくれると家族がほっとする、休息がとれたり、外出したりできる、だれかが見守ってくれるので安心できる……というニーズに応えたものだ。その証拠には、**自分からすすんでデイサービスやショー**

トステイに行きたがる高齢者はほとんどいない。

デイサービスによっては、「行くのが楽しい」と答えるお年寄りもいないわけではないが、それだって、最初はなだめたりすかしたりして、家族が連れて行ったもの。「ためしに行ってみない？」から始まり、週1日を2日に、2日を3日に延ばしてなじんでもらうのだ。保育園と同じく、行ってみたらおもしろかった、ということはあるだろうが、自分の意思ですすんで行きたいという類《たぐい》のものではない。

こんなことを言うと、すぐに「いや、デイサービスにはひきこもりがちな高齢者のコミュニケーションニーズを満たす機能があるので、たとえ最初はイヤがっても連れ出すほうが介護予防にもなる」と言うひとがあらわれそうだが、それにはかんたんに反論できる。

中西さんは、脊椎損傷による下半身麻痺の中途障害者で車いす生活者。障害者自立支援法なら利用できる外出介助のサービスさえあれば、毎日同じような顔がそろうデイサービスなどに行かなくても、趣味のサークルや町の囲碁クラブ、友人たちの集まりなどに、自由に出かけられる。外出先のメニューを増やし、当事者に合ったコミュニケーションニーズに対応すればいい話だ。行った先がバリアフリーになっていれば、それですむ。見守りがあればもっとよい。

いくつになっても、要介護になっても、ふつうの市民生活が送れる、そのための都市インフラ（インフラストラクチャーの略。道路、鉄道、電気、水道、通信などの社会的生活基盤）をだれでもいつでも自由に利用できる……ようになりさえすれば、年寄りを一カ所に集めるデイサービスなど、必要なくなる、はずだけど。未来は遠いなあ。

持ち家をバリアフリーに改装

介護保険ができてこのかた、施設化の流れはすすむいっぽう。障害者の世界では、かつての大規模施設化への反省が起きて、すでに脱施設化がすすんでいるというのに、まったく逆行している。

どんなにすばらしい施設でも施設は施設。施設で暮らしたいとすすんで願う高齢者はいない。いや、健康なひとでも、施設で暮らしたいと思うひとなどいないだろう。

わたしたちの共同研究者には、イケメンの建築家、岡本和彦さんがいる。彼は病院建築の専門家である。彼の書いた論文に、「施設度の高さ」というユニークな概念がある（長澤泰・伊藤俊介・岡本和彦『建築地理学――新しい建築計画の試み』東京大学出版会、

2007年）。彼によれば、ヒトの集団性・画一性・効率性、空間の孤立性・自己完結性、そして時間の計画性・統制性・非限定性が高ければ高いほど、「施設度」が高い、と判定する。

つまり、毎日同じ人と規則にしばられて集団生活を強いられ、衣食住のなにもかもが外からは孤立した施設のなかで完結し、時間が予定どおり規則正しく統制のもとにあるような環境を、「施設度」が高い、と呼ぶ。ついには、建物と機能が一体化すると、施設の「世界」化が完成する。施設が自分の生きる全世界になってしまったところは、監獄や収容所。小笠原さんが『出口のない家』と呼ぶように、死体にならなければ出て行けない高齢者施設は、強制収容所と変わらない。だれがこんなところで暮らしたいと思うだろう。

「安心」を施設でしか確保できない、という考えはまちがっている。しかも、施設が提供している「安心」は、本人の安心以上に、家族の安心だ。年老いたお父さんやお母さんを施設に入れてさえおけば、「わたし（たち）が安心していられる」……、その家族の安心の代償に施設に入れられるとしたら、まったく本末転倒だろう。

障害者の場合はいったん大規模な施設化の動きが起きたあと、その反省から脱施設化の動きが始まった。ちなみに中西正司さんは、障害者を「施設から地域へ」と唱えてきた障害者自立生活運動のリーダーである。障害者が地域での自立生活を果たすには、まず障害者を受けいれてくれたり、バリアフリーの設備をもった住宅を確保する必要があった。

高齢者の場合は、もっと話はかんたん。ほとんどの高齢者は、すでに住宅を持っている場合が多いからだ。その持ち家をバリアフリーに改装するのはそんなにむずかしいことではない。

それに在来の日本家屋だって、わるくはない。わたしは、93歳の高齢女性が単身で暮らしている古い日本家屋をお訪ねしたことがある。足腰の立たないその方は、それでもヘルパーさんの助けを借りて、在宅で暮らしておられた。畳の部屋はちょうどいざって歩くのにラクで、ドアで仕切られていない襖の部屋は移動が自由。雪見障子やテレビなど、すべてが座卓の生活に合わせた目線の高さに統一されていて、車いすがなくても室内では暮らしに不自由はなさそうだった。

在宅の高齢者を規格サイズの建物に集めて、施設でお世話するのが「進歩」だろうか。障害者運動の歴史をふりかえってみると、高齢者の施設化の動きは、それからなにも学んでいないばかりか、逆行していると思わないわけにいかない。

介護保険はおひとりさまが有利?

住まい(ハード)とサービス(ソフト)とは、べつに考えたらよい。だとしたら、ケアのついている住まいに移転することを考えるよりは、自分のいる住まいにケアを持ってくることを考えればよい。つまりは、要介護でも死ぬまで在宅で、を可能にする在宅看とりケアである。

介護保険はもともと在宅支援が目的。それが施設志向になってしまったのは、なんといっても「利用者」が家族だからだ。家族のつごうを考えれば、テマのかかる年寄りには家から出ていってもらいたいと思うのは人情。同居を開始したばっかりに、家族によって施設入居を決められてしまうことになる。同居しているからこそ、出ていってもらいたいということになれば、本末転倒ではないか。それなら最初から同居を選ばなければよかったのに、と言いたくなる。

だからこそ、「一緒に住まない?」という子どもからの申し出を、わたしは「悪魔のささやき」と呼んでいるのだ。

ここ数年、介護保険の在宅支援サービス利用量が徐々に増える傾向にある。その理由は、夫婦世帯と単身世帯が増えたせいだ。

こうした介護保険の利用動向をみても、在宅支援を受けたくない（つまり他人に家に入ってきてもらいたくない、したがって年寄りのほうに家から出て行ってもらいたい）のは家族のほう。それさえなければ、高齢者は他人に家に入ってきてもらうことをためらわない。家族がいなければ、いや、もっとはっきり言おう、子どもさえいなければ、在宅でヘルパーさんに来てもらう敷居は高くない。

かつて、介護保険の改訂ならぬ改悪で、「不適切事例」への行政の「指導」が強化され、家族が同居している場合には、「利用者本位」の名のもとに、介護保険の利用がむずかしくなったときがあった。いまでは多少ましになっているかもしれないが。

当時は、たとえば同居家族がいるだけで、利用者以外の家族の食事の準備や洗濯をしてもらえなかった。そうなれば、いっそ単身世帯になったほうが利用しやすい。現にわたしの友人などは、夫婦そろっているばかりにおそろしく利用のしにくい介護保険サービスに業《ごう》を煮やし、高齢の両親を〝ペーパー離婚〟させようかと本気で思っていたくらいだ。

要介護になれば、男も女もない。高齢でも元気なうちは、女の年寄りは家にいると使いでがあり、男の年寄りはかさ高で持ち重りがする、と対照的。だから配偶者に先立たれても、母親には同居のオファーが来るが、父親にはめったに来ない。だが、要介護になってしまえば、他人のお世話になるのは同じ。あとは口うるささと体重のちがいだけだが、女親のほうが子どもには口うるさいだろう。

　要介護になって、単身で、在宅で暮らせるか？

　さらに単身で在宅で死ねるか？

　できる、というのが、わたしの答えだ。

　自分の暮らしの流儀をそのつど相手に合わせてきた女とちがって、自分のスタイルを変えたくない男おひとりさまにとって、この問いは切実だろう。

　次章から、その可能性を探究しよう。

第4章 ひとりで暮らせるか

男は自立しているか

自立の3点セットとは

　自立の概念は、これまで、①経済的自立、②精神的自立、③生活的自立の3点セットで考えられてきた。それに、④身体的自立をつけ加えることもできる。カラダが思うように動くことと、家事や暮らしの能力があることとはべつだからだ。女性が自立を求めたとき、女はとっくに精神的自立と生活的自立を果たしているのだから、自立していないのは男のほうだともいわれてきた。経済的に自立しているかもしれないが、精神的には妻や母親にどっぷり依存し、そのうえ、家に帰ったらなにひとつできない。生活的自立を果たしていないのは男のほうだと。

　だからカラダが健康でも、生活的自立のできない男おひとりさまはひとり暮らしなどできないと考えられてきた。妻に先立たれた男性が「男やもめにウジがわく」（それにしてもひどい言い方！）といわれたり、「なにかとお困りでしょう」と再婚を周囲からすすめられたりしたのはそのせいである。

だが、これもすっかり様変わりした。

妻に靴下まではかせてもらったり、自分の下着の置き場所を知らなかったり、お茶ひとつ自分でいれられない旧世代の夫族は、団塊世代の男にはもういない（はずだ）。

それどころか、下着とネクタイは自分でかならず選ぶというオシャレな男性や、コーヒーのいれ方にこだわりをもっている男性、休日になるとパパのクッキングで家族を喜ばせる男性など、ざらにいる。

団塊ジュニアの世代になると、女性にモテるための条件のひとつに、料理がうまい、という項目が入ってきた。女性にとって、同性の友人に、「うちのカレったら、料理がうまいのよ、とくにパスタが得意なの。今度、食べに来て」というのが自慢になるくらい。

母から妻へ、受けつがれるパンツの歴史

その昔、『スカートの下の劇場』（河出書房新社、1989年／河出文庫、1992年）で下着の歴史を書いたわたしとしては、下着の選択や管理を妻にまかせておく男性の気がしれない。自分のキンタマの管理権を、妻に握られているようなものではない

だろうか。

当時のインタビュー調査によると、男の子が母親から最初に与えられるのは白いブリーフ。思春期になって仲間の前で着替えをするようになると、それが気恥ずかしくなって柄物のトランクス（昔はデカパンと呼んだ）に変わる。結婚してふたたび下着が妻の管理下に入ると、ブリーフに戻るひともいる。それにしても、どうして母だの妻だのという女は、白のブリーフが好きなのだろう。だから夫族が自分のパンツを自分で選びはじめたらアヤシイ、とにらんだほうがよい。

食べ物も同様。かつては男子厨房に入らず、それどころか、食い物にうまい・まずいを言うのは男のコケンにかかわることだった。妻の料理がうまくてもまずくても黙って食う。いや、日本の男は、うまければ黙って食い、まずければひとこと文句をいう、まったく愛嬌のない夫族だったのだけれど、グルメがブームになって以来、食べ物に一家言あることは、男の教養のひとつにすらなった。平和な時代である。

家事能力はある？

それだけでなく、男のひとり暮らしそのものが増えた。既婚男性でも、単身赴任の経験率は高い。地方勤務の辞令が来れば、妻子を残して単身赴任があたりまえ、という雰囲気さえ生まれるようになった。高学歴のカップルにとっては、子どもの教育のほうが優先順位が高くなったからである。お隣の韓国では、教育ママが子どもの海外留学に同行し、夫が故国に残ってせっせと仕送りをするという〝逆単身赴任〟もあるらしい。

死別シングル族は、妻に依存してきた過去があるせいで家事能力が低いと思われているが、けっこうそうでもない。それに妻を看とるまで、夫婦間介護を経験しているあいだに、それなりに家事能力や介護能力を身につけていたりする。

それより下の世代の離別シングルは、再婚の可能性が低く、ひとり暮らし歴が長期化している。離婚後、ブーメランのように実家へ戻っている場合は、母親という名の〝主婦〟がつく。それでも母親が高齢化すれば、家事や介護の負担がかかってくる。

もっと下の世代の非婚シングルのほうが、ひとり暮らし経験が少ないかもしれない。２０００年のデータをみると、シングルの親へのパラサイト率は、男性は20代で82％、30代で79％、女性は20代で88％、30代で65％（野村総合研究所「生活者１万人アンケート調査」）。これがこのまま持ち上がる可能性もある。

「片づけられない症候群」の女性が話題をよんでいるが、きれい好きで整頓好きの男性もいる。彼らは、女性も顔負けの片づいたワンルームの住人だったりする。いつでも彼女を呼べるというのも、男おひとりさまのたしなみのうち。清潔なシーツや、毛髪くずの落ちていない洗面台などは、最低限のマナーだ。とりわけ毛髪くずには要注意。わたしの友人は、彼の部屋で掃除機をかけてあげようと思って、見たことのない長さの髪の毛がダストケースに詰まっているのを見つけて、彼と切れた。

「食」のライフラインを確保する

高齢者の自立度を測る目安のひとつにＡＤＬ（Activities of Daily Living：日常生活動作）の自立という指標がある。食事、着替え、移動、排泄、入浴など、通常の生活を送るために必要な身体の能力を測る尺度のことである。なかでも人間の暮らしの基本は、食べることと、出すこと。このふたつが他人の介助なしでできたら、だいたいひとりで暮らしていける。

ＡＤＬの自立ができても、男性がひとり暮らしをするのはむずかしいと考えられてきたのは、出されたものを食べることはできても、自分でそれをつくることができないからだ。周囲をみていると、この食の自立さえできれば、ひとり暮らしが継続できるのに、と思えるケースが多い。

男性にかぎらない。高齢化がすすめば、台所に立つのもおっくうになるし、買い物にも行けなくなる。そんなときに配食サービスさえあれば、相当程度までひとりで在宅でがんばれるケースが男女ともにある。食のライフラインさえ維持できれば、ひとり暮らしを断念せずにすむのだ。

コンビニは、おひとりさまのつよーい味方

男おひとりさまの暮らしを支えているのは、実のところ、この食のサポートである。そのつよーい味方はコンビニだ。

コンビニは、日本の食の世界に、外食・内食《うちしょく》のほかに、中食《なかしょく》という新しいマーケットをもたらした。中食とは、できあいのそうざいや食べ物を買ってきて、うちに持ち帰って食べることをいう。

これまで夫のいる女性が外出するときは、冷蔵庫に留守中の食事を用意して出るのがルールだった。泊まりがけで出るなら3食分、2日がかりなら5食分。この準備が負担で出にくいという声も聞かれた。

なかには、冷蔵庫から出して電子レンジで温めるだけにして出ていったのに、暗くなるまでじっと待っていて、妻が帰ってから、「おい、どうやって食うんだ」と文句をいった夫のエピソードもある。夫と子どもを置いて3日間ほど家を空けたら、3日とも子どもを連れて外食していたというケースもある。

もっとひどい例では、風邪をひいて寝ている妻の枕元で、「メシの心配はしなくていい。オレは外で食ってくるから」と言った夫の話もある。「あたしの食事はどうなるのよ！」と寝ている妻は言いたいところだろう。こんな夫でも、妻から離婚されずにきたのが、これまでの日本の男だった。

男おひとりさまの暮らしがそれほどみじめにならずにすんでいるのも、「不便」だけを理由に「婚活」を考えずにすむのも、コンビニと中食のおかげ。コンビニ弁当はチンすればすぐに食べられるようになっているし、それなりに栄養バランスも考えてある。スーパーには半製品があふれているし、調理済みのおそうざいや、炊きたてのごはんのパックもある。男おひとりさまの暮らしが成りたつようになったのは、男に家事能力がついたからではない。家事能力がなくても生きていけるような、都市インフラが整備されたからである。

もちろん、この都市インフラの恩恵を受けているのは、男おひとりさまだけではない。家事能力のいちじるしく低くなった、きょうびのメス「負け犬」おひとりさまもコンビニのお得意さまである。家事能力がなくても、コミュニケーション能力が低くても、黙ってレジに出せば買えるコンビニ弁当は、いまやおひとりさまのライフラインなのである。

配食サービスを利用する

コンビニ弁当のマーケットに、単身の若者だけでなく、単身の高齢者が多いことにコンビニ業界はすでに気がついている。だれとも口をきかないが、日に1回、コンビニに弁当を買いに出るのを楽しみにしている高齢者もいる。それを織りこんで、店内に椅子とテーブルを用意し、中食をその場でチンして食べられるコーナーを設置したところもある。深夜にこうこうと電気のともるそういうコンビニのコーナーで、家に帰りたくない女子高生と、所在なげな高齢の男性が、ガラスに映るお互いの顔をみつめたりしているのだ。

弁当を自分で買いに行くか、配達してもらうかは、紙一重のちがいにすぎない。単身高齢者が増えてからは、自治体やNPOなどが、高齢者を対象にした配食サービスを実施するようになった。こちらのほうは、行政から助成金が出ていることが多く、値段も安くて、栄養バランスも考慮してある。これだって多くの場合は、単身高齢者向け。家族が同居していれば対象にならない。それならいっそ世帯分離してひとりになったほうが有利かもしれない。

食の確保は命綱だ。だが食生活は1年365日。行政やNPOの配食サービスでは、現在のところ、365日までのサポートはしてくれない。足りないところはコンビニで補えばよい。最近では、コンビニも配達をしてくれるようになった。

コンビニとならんで強みを発揮するのが生協だろう。生協といえば、ずっと宅配で支えられてきた業種。組合員女性の就労が増えるにつれて、グループ宅配が個配になり、やがて店舗販売になっていった。だが、今度は店舗の維持が負担となり、ふたたび宅配を重視する傾向が出てきた。

前近代のマーケティングといえば、行商。これに対して固定型の店舗販売を、植物型マーケティング（その土地に根を張って動かないから）という。こちらのほうがずっと歴史は新しい。そうなれば生協のような無店舗宅配は、かえって時代の最先端となるかもしれない。そのうえ地域の実態をきめこまかに把握しているから、福祉サービス事業と連携して、食のライフラインを確保する事業には将来性があるだろう。

もちろん無店舗宅配商法には全国区の業者もいる。だが、食生活は〝なじみ要因〟が大きく、保守的でローカル色の強いものだ。インスタントラーメンのメーカーでさえ、西日本と東日本では味つけを変えているという。食の宅配は、地域密着型の宅配サービスが優位だろう。

進化する高齢者向け中食メニュー

コンビニ弁当は揚げものや肉類が多くて……と栄養バランスを憂慮する声もある。だが、近い将来、中食業界にふたつの大きな革命が起きるとわたしはにらんでいる。第1は、高齢者向けのメニューが拡大し多様化すること。糖尿食や減塩食、きざみ食やとろみ食（食材を細かくきざんだり、とろみをつけて食べやすくしたもの）などだ。第2は、店頭販売から配送へと流通がシフトすること。男女を問わず、高齢おひとりさまマーケットは拡大している。すでに冷凍食の業界では、宅配ビジネスが登場しているが、アメリカとちがって日本には、まだ家に大きな冷凍庫を備えて電子レンジで温めるだけのテレビディナー（一皿に一人前の主食とおかずが入った冷凍食品。テレビを見ながらチンして手軽に食べられることから、こう呼ばれる）を食べるという食習慣がない。

流通網がきめこまかく成立している日本では、そして生食《なましょく》に高い価値を置く日本の食文化のもとでは、冷凍食の普及よりは、全国の6割近くの地域で自宅の500メートル以内に1軒はあるといわれるコンビニ業界の配送サービスのほうが、マーケティング的にはより成功しそうだ。

なに、3食コンビニ弁当を食べるなんて味気ない、ですって？

そんなことはない。施設に入居しても、あてがいぶちの給食を食べさせられるのは同じ。有料老人ホームだって、いったん入居してしまえば食べ物の好き嫌いはいいにくい。まだコンビニ弁当のほうが選択肢がある。

それにコンビニのメニューは進化している！　季節商品や目先の変わった商品を日に日に新しく開発する企業努力はたいしたものだ。高齢者中食マーケットが大きくなれば、かれらの企業努力はそちらのほうにも向くことだろう。

コンビニ第2世代の誕生

3食外食でまかなうという食文化は、それほど特異なものではない。アジア圏では、朝ごはんから市場の屋台で食べて仕事に出かけるという習慣のある地域もある。家事労働のうち最初に商品化したのは、調理。定期的に立つ市《いち》で、調理済み食品が商品として供された歴史は長い。家族のために手づくりの食事をつくって家で食べる、という習慣そのものが、新しいと考えてもよいかもしれない。

岩村暢子さんの食の崩壊３部作、『変わる家族　変わる食卓』（勁草書房、２００３年／中公文庫、２００９年）、『〈現代家族〉の誕生』（勁草書房、２００５年）、『普通の家族がいちばん怖い』（新潮社、２００７年／新潮文庫、２０１０年）を読むと、もうすでに「コンビニ第２世代」が育っていることがわかる。つまりコンビニ弁当で育った世代が、親になって自分たちの子どもを同じように育てる第２ラウンドが始まっているのだ。

彼女のあげた事例には、こんな話がある。毎晩遅く帰ってくる夫が、駅から自宅へ向かう途中、コンビニに立ち寄って新製品をチェックせずにはいられない。ほしいものがあると、妻が食事を用意していることがわかっていても買って帰る。シングル時代の食習慣が、結婚してもなくならないのだ。

こんな例もあった。一家４人がそれぞれ好みをゆずらないので、できあいのそうざいを買ってきて、それぞれが好きなものを食卓にならべてバイキング方式で勝手に食べる。だれがなにを食べているか互いに頓着《とんちゃく》しない。なるほど食卓は共有しているかもしれないが、これではほとんど「個食」同然である。

少し前は同じ釜のメシを家族みんなが同じ食卓で食べた。もう少したったら、同じ釜のメシを、家族がそれぞれ時差出勤でばらばらに食べるようになった。中食時代には、「同じ釜のメシ」を食べる理由はまったくなくなった。家族を「共食共同体」と呼ぶが、べつべつの食べ物を食べていても、食卓をともにしていればそれでよい、という考え方もある。

柳田国男は、「小鍋立《こなべだ》て」を家族崩壊のサインと読んだ。「個食化」もその指標のひとつだ。小鍋立てとは、小鍋を火鉢などにかけて、少人数あるいはひとりで料理をつくること。柳田が『明治大正史世相篇』でこの現象を論じた1930年代には、すでに個食化が始まっていたのだ。もはや家族が食文化の担い手である時代は終わったのかもしれない。

カネ持ちより、人持ち

カネさえあればなんでも買える、わけではないことを強調した。それならカネでなく、なにが安心のもとなのだろうか。

カネ持ちより人持ち、というのは、『おひとりさまの老後』を書いたあとに、評論家の吉武輝子さんから書評でいただいたありがたいお言葉である。調べてみると、ジャーナリストの金森トシエさんの著書に『金持ちよりも人持ち・友持ち』（ドメス出版、2003年）があった。この「人持ち」とは、もちろん家族以外の人持ちのことである。

人持ちといえば、すぐに「家族持ち」ということばが浮かぶ。「家族持ち」から「家族」を引き算すればどうなるか。あとになにも残らなければ、「人持ち」とは呼ばない。

おひとりさまは「家族持ち」ではないが、「人持ち」にはなれる。ここでは、そのためのスキルについて考えてみよう。

ふたたび「つがい」になるのは考えもの

これからは、男性もおひとりさまになる可能性が高い。再婚して「おふたりさま」になる確率は低く、男おひとりさまとして生きるひとたちがいやおうなく増えるだろう。不如意を嘆き、世間に背を向けて孤立して生きるより、同じ死ぬまでのヒマなら、楽しくつぶしたい。

死別・離別を問わず、おひとりさまになったなら、もう、つがいをつくることは考えないほうがいい。つがいをつくるのは、まぐわって孕《はら》んで産んで、家族をつくるため。発情期ならともかく、高齢になったおひとりさまに、いまから巣づくりをする必要はない。それどころかお相手になる女性のほうも、ほとんど「あがった」ひとたち。

え、そんなことはない、ですって？

たしかに高齢になってから、まだ生殖年齢にある女性と再婚して、子どもをつくったひともいる。海外では73歳で子どもをつくったチャップリン、日本では71歳で子どもをつくった俳優の上原謙が有名だ。だが、その子が成人になるときには、ご本人はいったいいくつになっているのだろう。

再婚というショック療法の結果は？

60代でふたりの子連れの外国人女性と再婚した男性がいる。

連れ子の娘はふたりとも思春期でむずかしい年齢だった。再婚してすぐに、年下の妻とのあいだに3人目の娘が生まれた。それまでの静かなひとり暮らしから、3人の育ち盛りの娘と育児中の妻とからなる怒濤《どとう》のような暮らしに変わった。その妻がわたしの古い友人である。

ある日、その妻が席をはずしたときをみはからって、再婚した夫に聞いてみた。

「生涯の終わり近くになって、よくこんな家族のある暮らしを引き受けるつもりになったわね」

「座して死を待つより、いいだろ？」

と、その夫は答えたものだ。

たしかに、彼の生活は生気にあふれるようになった。あふれすぎているといってもいい。妻は、子どもだけでなく、生きものが大好きで、観葉植物で室内をいっぱいにし、動物を飼った。彼の生活のリズムは乱され、彼の領分は妻とその娘たちに侵され、異国からきた子どもたちの心身や教育について心労が絶えず、日々の些事《さじ》をめぐる妻との口論は彼の心の平安を乱した……。

が、アーチストだった彼の作品は、再婚後、みごとに色彩に富み、生命力にあふれるようになった。彼は生き返ったのだ。

ただし、こんなエネルギーとコストのかかるショック療法は、万人におすすめできない。この男性は「肉食系」の民族に属していた。

わたしが再婚をすすめない理由

非婚の男おひとりさまも、これからつがいをつくって家族をつくろうと考えないほうがいい。アジア圏からの輸入花嫁のなかには、40代や50代の非婚おひとりさまと結婚する女性もいるが、これでは老後のための介護要員か、跡取りをつくるための「産む機械」。一時はこうした国際結婚をすすんであっせんした自治体も、その後、離婚やDV（Domestic Violence の略。夫から妻への暴力）、失踪などのトラブル続出で、事業を自粛するようになった。

考えてみれば、こういう男おひとりさまも、いわば「家」の犠牲者。非婚シングルには、地方在住・長男・家業後継者という「三重苦」の男性が多いという傾向があるから、男もつらいよ、というべきだろう。

わたしが再婚をすすめないのは、現実的に可能性が低いばかりではなく、結婚というかたちをとると、女性との関係を固定化し、狭めることになるからだ。

つがいとは文字どおり、ふたりでワンセット。カップルができてしまえば、他人はこれに口出しできない。それになにより不自由なのは、つがいが閉じると、それ以外の異性との関係がつくりにくくなることである。

友人はいくらいてもいい。新しい友人が増えたからといって、いちいち古くからの友人にお伺いを立てなくてもいいし、新しい友人を古くからの友人に紹介して、お互いがまた親しくなってくれると、こんなにうれしいことはない。それが異性だと、どうしてうまくいかないのだろうか。新しい女性を古くからの女性に紹介して、お互いうまくいってくれたら……っていうのは、実のところ、ハーレム状態の男性の夢だったかもしれないが。だが、もしそうなら、逆の立場にも耐えなくてはならない。

それならそもそも、「あなただけ」という独占契約を結ばないことだ。結婚を経験したひとなら、すでに一度はそういう排他的なつがいの関係をつくったことになる。**たったひとりを命綱にしたことによる、喪失経験の深さも味わっているはずだ。**ほかにとりかえのきかない関係をすでにもっているのなら、あの世で自分を待っているのは死別した配偶者ひとりにしておいたほうがよさそうだ。

無二の親友もやがては先立つ

老後のおひとりさまを支えてくれるのは、「このひとイノチ」という運命的な関係よりは、日々の暮らしを豊かにしてくれるゆるやかな友人のネットワーク。そう思っていたら、ファッションデザイナー花井幸子さんの『後家楽日和《ごけらくびより》』（法研、2009年）に、「無二の親友より10人の〝ユル友〟」とあった。

ユル友とは、「**関係は淡さゆえに、長続きすることだって珍しくない**」という花井さんの、「ユルく、淡くつながっている友」をあらわす造語である。

「ひとりの親友より、10人のユル友よ。『走れメロス』みたいな魂の友がいないからって、嘆くことはないのよ」

思えば、魂の友だっていつかは先立つ。その親友を失ったからといって、だれかがそのひとの代わりを務めてくれるわけではない。家族だけでなく、どんなひととの関係も、ほかと代わりがきかないという点では「かけがえのない」ものだ。かけがえのない関係は、相手の死によって、そのひととの記憶ごと、あちらの世界へ持ち去られてしまう。それを補うものは、なにもない。

新しい関係は、新しい自分をつけくわえてくれるだけ。新しい友人に、かつての友人と交わした経験と同じことを期待しても無理だし、同じ理解を求めてもムダだ。家族や友人の死とともに、あちらの世界へ持ち去られた記憶については、沈黙するしかない。せめて共通の友人たちと思い出話をするのが慰めになるくらいだ。それならやはり、友人は多いほどいい。

〝ユル友〟ネットワークをつくる

そのユル友には、内面の葛藤や墓場にもって行くような告白などしなくてよい。

しょっちゅう食事やお酒をともにする友人には、思想信条についての議論はふっかけないほうがいいし、まったり時間を過ごしたい相手に知的刺激を求めるのは、おかどちがい。なにごとにも蘊蓄《うんちく》派はたまにはいいが、疲れるから会うのはほどほどにしておこう。弱音を吐ける相手とは、たまに会うくらいがちょうどいい。ついついグチを誘発されてしまうので、あとで自分はなんてグチっぽい人間なのだろうかと落ちこむこともある。

だいたい一人の相手に、知的刺激と心の安らぎ、切磋《せっさ》琢磨《たくま》と包容力の両方を同時に求めたりするのは無理というもの。思想信条が同じでも、一緒にごはんを食べたくない相手はいるし、気心の知れた飲み仲間でも、まさかのときの助けにならない友人はいる。

内面の共有などなくてもつながれるのがユル友。**毎日を機嫌よく生きていくことを支えてくれる仲間がいればじゅうぶんだろう。**

女おひとりさまには、こういうユル友ネットワークのあるひとが多い。

そもそも女おひとりさまは、不安があるからこそ、こういうユル友ネットワークを自覚的・意識的に努力してつくってきた。男おひとりさまにそれがないとしたら、**努力が足りん**、と言いたいところだ。あるいはなくてもすむ、というおごりから努力しなかったのか。しみじみ衰えを感じてからでは、もう遅い。

友人は人間関係の上級編

旧友の深澤真紀さんが、『自分をすり減らさないための人間関係メンテナンス術』（光文社、2009年）という本を出した。日経ビジネスオンラインでのウェブ上の連載をまとめたものだが、男性の読者がたくさんついた、という。ご本人も経営者。〝血中オヤジ濃度〟が高いと自認するだけあって、オヤジ族の共感をよんだのだろう。

小さいながらも一国一城のあるじとなれば、しかも、この不況期を乗り切ってきた経営者とあれば、苦労はオヤジと変わらない。この本の書評対談でしばらくぶりに再会して、「ああ、あなたも苦労して一人前になったわねえ」と、長い旅から成長して帰ってきた妹分を見る思いがした。

その本のなかに、「友人は人間関係の上級編」という項目があるのが目にとまった。それを指摘すると、深澤さんはいたずらっぽく、しめしめ思惑どおり獲物がエサにひっかかった、という表情をした。

この項目は、わたしの本を読んで書いたものだ、という。「カネ持ちより人持ち」っていったって、あんたは友だちがたくさんいるからいいでしょうよ。でも、友人づくりって、だれにでもできるもんじゃないのよ、と挑戦的な気持ちで書いたとか。まったくそのとおり。

ホントいうと、友人づくりは、家族づくりより、もっとむずかしいかもしれないとわたしは思っている。

なぜって、家族には役割や定型があるけれど、友人にはないからだ。

愛がなくても「家族ゲーム」はできる

家族には、夫らしさ、妻らしさ、親らしさ、子どもらしさがあるから、「らしく」ふるまってさえいれば、それっぽく見える。だからこそ、「家族を演じる」とか「家族ゲーム」とかいう表現があるくらいだ。

だれかと「つきあいたい」と思えば、「恋人らしく」ふるまえばよい。デートスポットを選んでマニュアルどおりにふるまえば、だれの目にもそれっぽく映るだけでなく、なにより自分たちが「恋人気分」になれる。

「マニュアル付きの恋愛なんて」とバカにするひともいるが、実はこれって恋かしら？　と感じるときには、実際の体験を味わう前に、とっくに小説やドラマで「恋ってこんなもの」と予習しているものだ。人間はそうやって人生をフィクションのなかで予習しているからこそ、それを参照しながら、「これがきっと恋ってものなのね」とか、「家族ってこんなものなのかなあ」といちいち確認していくのだ。

あらかじめモデルを知っているからこそ、現実の家族を見て、「うちの夫はヘンじゃないかしら」とか、「少しは母親らしくしてよね」という注文も出る。

「らしさ」が昂《こう》じると「ロボット」になる、と言ったのは、ＡＣ（アダルト・チルドレンの略。アルコール依存症などの親から精神的・肉体的な虐待を受けて育ち、なんらかの心的外傷をもつ子ども）ブームを引き起こした精神科医の斎藤学《さとる》さん（『アダルト・チルドレンと家族』学陽書房、１９９６年／学陽文庫、１９９８年）。「父親ロボット」「母親ロボット」「子どもロボット」が寄り集まって家族になると、そのなかでいちばん心の弱い子どもがこわれる。人間はロボットではないからだ。

だが、斎藤さんの指摘には、逆説的な真理がある。心がなくてもロボットのようにふるまってさえいれば、いちおう「家族」の体裁は維持できるからだ。愛情がなくてもセックスできるし、愛し合わなくても子どもはつくれる。残念ながらそれが現実だということくらい、だれでも知っている。

友人と知人を使い分ける

だが、友人はそうではない。「友人らしさ」ってどんなものか、想像できるだろうか。どうふるまえば「友人らしい」か、わかるだろうか。

「いつでもつるんでたあのひと、お友だちじゃないの?」と聞いたら、「ケッ、とんでもない」と答えが返ってくることもあるし、「つるんでたように見えるけど、実は、深刻ないじめにあっていたんです」ということだってある。

「ほんとうの友だちとはなにか」などと考えはじめたら、迷路に入る。

つまり定義できないものは、定義しないでいい。

さいわいなことに、夫婦や恋人とちがって、友人はお互いに友人契約など結ばなくていいし、契約違反をとがめられることもない。

深澤さんによると、「友人」カテゴリーと「知人」カテゴリーとをじょうずに使い分けて、特定のひとを「友人」から「知人」へと勝手に降格したり、その逆をやったりしているのだという。それだって、いちいち相手に申告しなくてもいい。

「友だちなのに……」と考えて苦しむよりは、「もう友だちではなくなった、知人なんだ」と自分のなかでカテゴリー変更をするほうが、精神衛生にずっとよい。

一緒にいて気分のいい相手、しょっちゅう会いたい相手、ときどき会いたい相手、たまに会いたい相手、困ったときに助けてもらいたい相手、助けてあげたい相手、気になる相手、気にかけてくれる相手……が、多様に自分の身のまわりをとりかこんでいればよいのだ。それをセーフティネットともいう。

気の合う仲間を探すには？

友人のネットワークをつくるには〝一本釣り〟もあるが、もっと効率のよい方法がある。選択縁の仲間に入れてもらうことである。

第2章でもふれたが、選択縁は文字どおり選べる縁。志や教養、趣味、思想信条、ライフスタイル、学歴や経済水準などで、あらかじめスクリーニングされているから、打率が高い。よりすぐりの釣り堀のなかで、気の合う相手を選べばよい。ライフスタイルが似ていることや、経済的なゆとりの程度が共通していることも大事。相手のふところ具合を気にして、行きたいところに気安く誘えないのは困るし、自分からおごるのもたびかさなれば続かない。

それに、なにか共通の目標があって活動している集まりだと、ただのお楽しみの集まりとはちがって、そのひとの責任感や誠実さ、仕事ぶりや対人関係などがよく観察できる。社内恋愛が多いのは、仕事のうえのふるまい方をちゃんと見ていれば、ひととなりがよくわかるから。

ただし、選択縁が社縁とちがうのは、上下関係のないところ。地位や収入を報酬にすることができないので、骨惜しみしない人柄や、腰の低さなどがよく見える。

女縁に男性がひとりで参加するとき

選択縁は女性のあいだのほうが先行しているから、女縁と呼んだ。女縁の調査をしたとき、「女縁」が将来、「男女共学縁」になるかどうか、と予測を立てた。

女縁が男女混成になるための道筋には、ふたつのシナリオがある。

第1は、女縁にパートナーの夫たちが入っていくことで、カップル参加になるケース。第2は、女縁に男性が個別に参加するケースである。

どうやら日本では、第1のシナリオは実現しそうもないことがはっきりした。カップルづきあいだと、どちらかに先立たれたりして「おひとりさま」になったら誘いにくいだろう。残ったほうに新しいパートナーができたりしたら、当人もバツが悪くて参加しにくい。カップル単位でつきあっていたふたりが離婚したらしたで、別れたカップルのどちらを誘うかで、やっぱり困る。

一緒に遊んでいた友人のカップルが離婚した。どちらとも仲がよかったから、飲み食いやパーティに、どちらを誘えばよいか、困った。一方を誘えば他方を誘えないので神経をつかう。そのうち、仲間のひとりが別れた夫のほうの新しい恋人になった。そうなるとその女性と別れた妻とを同席させることにも気をつかう。やれやれ。

それに親しい友人の選んだ配偶者が、どうにも気の合わない相手だと、友人と会いたいのにその配偶者がかならずついてくるのも不自由だ。友人関係はひとり対ひとりが基本。カップルづきあいはめんどうが多い。

アメリカのように離婚、再婚、再々婚が多くて、パートナーがしょっちゅう変わる社会で、カップル単位のつきあいが条件になっているなんて信じられない。さぞかしめんどうが多いことだろう。アメリカ人の友人とつきあうと、しばらくぶりに会ったとき、「奥さま、お元気?」は禁句だということにすぐ気がつく。何年ぶりかで会うと、パートナーが変わっていることがままあるからだ。

それになにより、女縁づきあいの女性たちが、夫を女縁仲間の集まりに連れて行くのをイヤがっていることがわかった。夫のほうがついていきたがったとしても、だ。

というのも、選択縁の社会は、脱血縁、脱地縁の非日常。ふだんとちがうわたし、を演出する変身の場だ。そこに夫を連れて行った日には、日常のヘソの緒をひきずったまま外へ出て行くことになる。そんな選択を女性はしたがらない。

それに、出かけた先に夫以外のステキな異性がいるかもしれないし。カップル参加なら、どの異性もだれかに〝所属〟していることになるが、おひとりさま参加なら、そんなしがらみもない。夫付きでなければ、友情以上・恋愛未満のおつきあいだって生まれるかもしれないのに、せっかくのチャンスをみすみす逃すのはもったいない。

選択縁は、「おひとりさま」の資格でつながる場と心得たほうがよさそうだ。それに、そのほうが配偶者と死別・離別しても、仲間との関係に影響が少なくてすむ。

選択縁タブー集「男の七戒」

こういう選択縁には人間関係のお作法がある。女縁づきあいタブー集、題して「女縁の七戒」を、第2章で紹介したわたしの著書『「女縁」を生きた女たち』からここに再録しておこう。

その１　夫の職業は言わない、聞かない。
その２　子どものことは言わない。
その３　自分の学歴を言わない。
その４　お互いに「奥さん」とは呼び合わない。
その５　おカネの貸し借りはしない。
その６　女縁をカネもうけの場にしない。
その７　相手の内情に深入りしない。
これを改訂して、女縁のつながりに参入したい男性のための「タブー集」をつくってみた。

選択縁づきあい「男の七戒」

その1　自分と相手の前歴は言わない、聞かない
その2　家族のことは言わない、聞かない
その3　自分と相手の学歴を言わない、聞かない
その4　おカネの貸し借りはしない
その5　お互いに「先生」や「役職名」で呼び合わない
その6　上から目線でものを言わない、その場を仕切ろうとしない
その7　特技やノウハウは相手から要求があったときにだけ発揮する

その1　自分と相手の前歴は言わない、聞かない

娑婆《しゃば》じゃナニサマでいらしたかは存じませぬが、引退すればみな同じ。過去の栄光より、現在のありのままを受けとめあおう。聞かれもしないのに、自分の過去の経歴をしゃべりだすひとはきらわれる。それを自慢するひとはもっときらわれる。つきあいのあるだれかれの過去や経歴を、本人が言わないのに、第三者にぺらぺらしゃべるのもルール違反。

その2　家族のことは言わない、聞かない

家族についてはいろいろあるもの。子どもや孫の自慢をしても、相手はなんの興味もない。それに自慢の子どもでも、エライのは子ども自身で、親のほうじゃない。子ども自慢を聞かされる相手は、子どものトラブルをかかえているかもしれないし、もしかしたら逆縁で子に死に別れているかもしれない。ヘタに詮索すると、相手から思い出したくないつらい過去まで引き出してしまうおそれがある。

既婚者でも事情があって別居しているかもしれないし、妻とはちがう女性と同居しているかもしれない。相手が自分の口から言わないかぎり、よけいなことは聞か

ないもの。選択縁は「おひとりさま」が単位、と心得よう。

その3　自分と相手の学歴を言わない、聞かない

高齢者になるほど、学歴格差は大きい。昔の学歴格差は経済格差であって、けっして能力格差ではない。自分が上級学校へ行けたのは、生まれや環境など、ちょっとした幸運のせいと考えよう。知らないひとに会うと、あいさつ代わりに「どちらの学校でしたか」と聞きたがるひとがいるが、なぜだかほとんど男性。しかも銘柄大学出身者が多い。結局、自分の学歴をひけらかしたかっただけ、ということがわかって鼻つまみになるのがオチ。

その4　おカネの貸し借りはしない

つきあいを長続きさせるには、これはけっこう重要なルール。女縁のつきあいでは、ランチを食べても消費税の1円にいたるまでワリカンにする傾向があるが、男性同士のつきあいでは、「ここはオレが」の見栄の張り合いがある。かつてはこれもナワバリを誇示するパワーゲームのひとつだったが、年金生活者になったらこれはやめよう。

とくに女性のいる集まりで、男性が女性におごるのもやめよう。女性におごるのは下心のあるうちだけ。〝純粋異性交遊〟では、男女を問わずワリカンが透明なルール。それに経済力の水準が似ていたり、金銭感覚が共有できることも大事な点だ。ひとりだけケチなひとや、ちゃっかりしたひとがいると、たびかさなれば、そのひとにはお声がかからなくなっていく。

その5　お互いに「先生」や「役職名」で呼び合わない

男を見れば「先生」か「社長」と呼んでおけばよい、のは酒場のルール。そう呼ばれてうれしい男は多そうだが、これもカミシモをぬいだつきあいではタブー。娑婆の役職を離れても、男縁の集まりでは、今度は名誉をめぐるパワーゲームが始まる。老人会の「会長」だの、NPOの「理事長」だの、寿講座の「講師先生」だの。それをその場面以外のつきあいの場へひきずるのはやめにしよう。「先生」にしておけば相手の名前を忘れても困らない、という利点をあげるひともいるが、名前はちゃんと覚えて「ウエノさん」と呼ぼう。そして配偶者がいたら「奥さん」ではなく、ちゃんと「チズコさん」と名前で呼ぼう。だれかの付属品ではなく、おひとりさまとして参加しているのだから。ほかの男性から、妻をファーストネームで呼ばれると、たじろぐ男性がいる。妻が新鮮に見えて、魅力を再発見するかもしれない。

その6　上から目線でものを言わない、その場を仕切ろうとしない

とくにサラリーマンの定年退職者にありがち。定年前に地位のトップに上りつめるから、たいがいは管理職になっている。そのうえ女ばかりの集まりだと、がぜん張りきって、「オレが仕切らなくては」という気分になる。

が、注意してほしいのは、女縁の集まりでは、先にいるひとたちがベテランで、あなたは新参者だということ。向こうはサークルや地域活動のキャリアで、リーダーシップもじゅうぶんにもっている。

いまの高齢者は、クラスでも級長は男、副級長は女、を疑わなかった世代。女ばかりの集まりのPTAでも、男が会長にたてまつられてきた。だが、いまどきの若者のあいだでは、男女を問わずリーダーシップのあるひとがリーダーになるのがあたりまえ。共学校の生徒会長やクラブの部長にも、女性はたくさんいる。

男はリーダー、女はフォロワーという固定観念は捨てたほうがいい（そういう考え方は、たいがい会社で培われたものだろう）。でないと、やんわりと拒絶されたり、

果てはいじめにあって追い出されることもある。

その7　特技やノウハウは相手から要求があったときにだけ発揮する

リーダーシップとはいわないまでも、たいがいの男性には、長い職業キャリアからくる経理事務経験とか法律実務経験、ＩＴリテラシー（パソコンやインターネットを扱う能力）などの特技をもっているひとが多い。女縁の集まりで見るにみかねて口も手も出したくなるだろうが、それだって向こうが先輩。提案してみて採用されたらよいが、要請のあるときだけ協力しよう。でないと、いつのまにか仕切り屋になってしまいがちだし、そうなればやっぱりきらわれる。

能力の価値は、ニーズと合致したときにだけ評価される。必要もない能力をひけらかしても、イヤミなだけ。要求があったときに発揮すれば、重宝がられるし、頼りにされる。「男のひとがいるって、いいものね」と、大事にもされる。

ヨロイをぬいだおつきあい

以上が、女縁のつながりに男性が参加するときのルールだ。男同士のつながりで男がどうふるまうべきかは、わたしのような女に教えてもらうまでもないだろう。

だが、浮き世の義理を離れた選択縁のひとつである男縁においても、同じルールはあてはまると思う。

なによりも大事なのは、男縁だろうが女縁だろうが、男女共学縁だろうが、選択縁の世界は、もはやかつてのパワーゲームの社会ではない、ということだ。

最後にこういう女縁に参加しながら、うまくとけこめずに去っていったひとりの男性の、心にしみるエピソードを紹介しよう。

ヨシカズさん（56歳）は単身赴任。遠方の自宅には交通費もかかるので、そうひんぱんには帰れない。休日をもてあまして、近くの公民館の主婦のおしゃべりグループに好奇心から参加した。グループはヨシカズさんを排除するでもなく、それまでどおりに続いていたが、彼は数回参加したあと、どことなくとけこめないまま、またまた転勤でその地を離れた。

その後、グループのお世話をしていた女性あてに、彼から長い手紙が来た。

以下はその一部である。

「……最初は、女が集まってなにをくだらないおしゃべりを、と距離をとって聞いていましたが、みなさん方の率直な話しぶりに打たれました。

私にも、妻のこと、家のこと、みなさん方に聞いてもらいたい悩みがたくさんあります。いま、遠く離れたこの地へ来て、あのとき、私もありのまま率直に自分のことを話して、みなさん方のお仲間に入れてもらえばよかったのに、と悔いています。今度お目にかかるときには、ヨロイをぬいだおつきあいができるようになっていたいと念じています」

ヨシカズさんに必要なのは、第2章で述べた「弱さの情報公開」だった。相手が男同士だとうまくぬげないヨロイも、女性の仲間に入ればもう少し容易にぬげるだろう。

ありあまる時間をどうつぶすか

おひとりさまは、「時間持ち」だ。

浮き世の義理も職場の拘束もない、ありあまる自由な時間。

その時間はもはや「会社時間」でもなく、「家族時間」でもなく、「自分時間」だ。

だが、なにもすることのないありあまる時間は地獄。時間というものは、たんにあればよいものではなく、どうやって使うかが問われる。1日24時間はだれにも平等だが、それを気ぜわしく動いてあっというまと感じるひともいるし、無聊《ぶりょう》をかこって眠れぬ長い夜を過ごすひともいる。

「時間持ち」は、ただ時間があるというだけではじゅうぶんではない。そのなかで可処分時間、つまり自分の裁量で豊かに使える時間がどれだけあるか、による。カネ持ちがたんにカネをためこんでいるひとのことではなく、可処分所得、つまり自分の裁量で使えるおカネがどれだけあるか、どんな使い方をしているか、で問われるように。

時間の使い方とは、つまるところヒマをつぶすノウハウとスキルのこと。「ヒマつぶし」といっても、否定的な意味でいっているのではない。人生とは、**死ぬまでの壮大なヒマつぶし**。どうせ同じヒマつぶしなら、豊かにつぶしたい。

時間持ち・時間貧乏の調査をしたとき、ふたつの法則が見つかった。紹介しよう。

その1　時間はひとりではつぶれない。

その2　時間はひとりでにはつぶれない。

ココロは、その1、時間をつぶすには一緒につぶしてくれる仲間が必要なこと。その2、時間をつぶすにはノウハウもスキルも、そしてインフラもいることだった。

前著『おひとりさまの老後』でも少しふれたが、本書では男性向けに詳しく述べよう。

時間をつぶす相手はいる?

その1　時間はひとりではつぶれない。そのココロは……。

多くのひとにとって、時間をつぶすには相手がいる。まれにはひとりでいることが苦にならず、ひとり遊びの得意なひともいるが、こういう「おひとり力」のあるひとはそれほど多くない。

時間持ちの調査対象のなかには、ひとり遊びの達人もいた。ボトルシップという組み立て模型細工をご存じだろうか。ガラスびんのなかにピンセットで部品を入れて帆船を組み立てる、根気のいる趣味だ。ユキさんの夫は、定年退職してからボトルシップづくりに熱中するようになった。奥様ならぬ外様こと、出歩く主婦のユキさんが、夫の背中ごしに「行ってきまーす」と声をかけても、振り向きもせずピンセットを動かしている。

自分が出歩くのにいちいち干渉がましいことを言わないだけラクといえばラクだが、もし自分が先立っても、夫はこんなふうに背をまるめて、一心不乱にボトルシップづくりにうちこむのだろうか。友人の多い自分とはちがってつきあいの少ない孤独な夫が、うすぐらくなったことにも気づかず、部屋で緻密《ちみつ》な細工に集中する姿がリアルに目に浮かんで、ユキさんはやるせなくなる。

こんな夫を残して死ねないと思うが、存外このひとは、これまでもそうだったように、自分がいなくても平気かもしれない、という気もする。その後、さいわいなことにユキさんは夫を先に見送ることができて、ほっとした。

人間は人恋しい生きもの

ボトルシップづくりといえども、まったく孤独な作業というわけではない。模型屋さんを介した同好の士の集まりがあるし、展示会に出品することもある。マイナーでテマヒマかかる趣味だけに、一家言あるひとたちが多く、そのなかで一定の評価を受けることが参加者には楽しみらしい。

どんなマイナーな趣味にもそれなりのコミュニティがあり、そこではやはりパワーゲームが起きている。子どものときのメンコ遊びから、家族合わせのゲーム、仮面ライダーのフィギュアのコレクションにいたるまで、男の子の世界は、「おぬし、やるな」のパワーゲームで一生が過ぎるのかもしれない。

ユキさんの夫のようにひとり遊びの達人もいるが、それほどの胆力も能力も備えたひとは多くない。人間は人恋しい生きものだ。だが、だれでもいいわけでないことは、肝に銘じておこう。

世の中には、一緒にいてうれしいひとと、一緒にいてうれしくないひとがいる。一緒にいることがうれしい場合と、うれしくない場合もある。「自分時間」は、ひとりでいたいときにひとりでいられることと、ひとりでいたくないときにだれかと一緒にいられることとの組み合わせだ。この「だれか」は、キモチのいいだれかであって、選べる相手であることがかんじんだ。

子育ては最高のヒマつぶし

時間を一緒につぶしてくれるのに、いちばん安直な相手は家族である。子どもたちは、自分の人生の時間を、20年間ばかりわくわくどきどきさせてつぶしてくれた相手だと思って、それ以上の期待をせずに感謝して送りだそう。

子育てほど熱中できる楽しみはこの世にめったにないのだから、それ以上、期待の重荷をかけたり、見返りを求めるのはもってのほか。とりわけ親の期待の重圧に押しつぶされそうになっているわたしの教え子の東大生たちをみていると、このことは声を大にして言っておきたい。

女親にくらべて男親は、このわくわくどきどき感を味わいそこねているぶんだけ、ソンしているかもしれない。

赤ん坊は雨後のタケノコか畑のアスパラガスみたいに、日に日に目の前で育っていく。思春期に入ってからも、思いがけない言動で親をおどろかしたり、感心させたりする。親になったことのないわたしでさえ、育ち盛りの学生たちをみていて、目の前の成長に息をのむことがあるのだから、これにつきあわないのは、ほんとうにもったいないと思う。

「別居おひとりさま」という選択も

親業を卒業したあと、残るのは配偶者。子どもとの時間は期間限定、配偶者との時間のほうが長くなってしまった。その時間が、ふたりでいるよりひとりのほうがましな、索漠《さくばく》とした味気ないものになってしまうとしたら情けない。

最近は、金婚式を迎えるカップルもめずらしくなくなった。若いころに一時の気のはやりから選んだ相手と、半世紀以上をともにしなければならないのだから、配偶者選びはよほど慎重にしなければならない。

というより、一時の選択以上に、半世紀の時間を耐えて互いに変化しつつある関係をメンテナンスすることが重要になった。

年齢や環境によって、パートナーに求めるものも変わる。若いときはひたすら頼もしい男がよかったが、歳をとると、「一緒にいてラクなのがいちばん」と好みが変わった女性もいる。その期待の変化に合わせて相手が変わってくれればよいが、そうはかんたんにいかない。ホントいうと、**節目ふしめに夫婦関係もリストラして相手をとっかえればよいと思う**が、諸般の事情でそうもいかない。

周囲のカップルをみていると、「親業定年」をきっかけに夫婦も定年にしたいとひそかに念じているひとたちが多いようだ。なにしろ夫婦とは、子育てという人生最大の関心事のひとつを共有する「戦友」だから、「親業」が続いているあいだは共闘する理由がある。だが、それが終われば継続する理由もなくなるからだ。こういうカップルのなかには、二世帯居住で別居しているカップルもいる。夫婦関係は解消しないが、死別でも離別でもない、「別居おひとりさま」である。

一緒に旅行に行きたい相手は?

妻はいちばん手近にいて、散歩や買い物や旅行に同行してくれるパートナーだった。だが、妻のほうが喜んで同行してくれていたかどうかは、実のところわからない。

シニア世代を対象とした調査によると、「旅行（国内）に一緒に行きたい相手は？」という問いに対して、女性の回答は、**1位「家族」、2位「友人・知人」、3位「夫」の順。**ちなみに男性の回答は「妻」がダントツ1位である。

『ロマンチックウイルス』（集英社新書、2007年）の著書のある、女性のアジア観光にくわしい島村麻里さんが教えてくれた。彼女自身もそうとうのミーハーだった。ヨンさまブーム以降、女性の韓国ツアーが増えたが、ほとんどが女性同士のグループ。香港、ベトナム、タイなどの2～3泊程度で行ける〝近・短・安〟のアジア観光は、ほとんど女同士だという。

タイのプーケットやインドネシアのバリ島などの国際的なリゾート地では、欧米人カップルを対象にしたアマン（愛人）・リゾートが売り。だから一流のホテルは、ダブルベッドの部屋が基本だった。ところがそこに日本女性のふたり連れがおしよせた。円高でカネは持っているし、エステやスパにも経験値が高いし、おまけにグルメときている。寝るときはべつべつのベッドでというので、ツインルームのリクエストが増えた。誇り高いホテル側は最初はそれに応じなかったが、顧客需要には抗しきれず、ついに日本人女性客向けにツインが増えたのだという。**日本の男性は時間がなくて、アマン・リゾートに行くヒマがないのだろう。**

島村さんの観察によれば、アジア観光が女同士なのに対して、ヨーロッパ旅行ではカップル、それも高齢のカップルが多いという。どうやら〝近・短・安〟のアジアは女同士のリピーター、いっぽう〝遠・長・高〟のヨーロッパはスポンサーつきでカップル旅行という棲み分けが起きているようだ、というのが彼女の解釈だった。日本人はカップルでも、ダブルよりはツインを好む傾向が強そうだけれど。

男おひとりさまになるということは、このもっとも手近で安直なヒマつぶしのパートナーを失う、ということを意味する。そのためにこそ、家族持ちだけでなく、人持ちになっておく必要があるのだ。

男性に多い「学校縁」

時間持ち・時間貧乏の調査では、「だれと時間をつぶすか?」という相手を、人間関係によって、血縁・地縁だけでなく、職場縁・学校縁・選択縁と分類してたずねてみた。

男性で意外に多いのが学校縁。オレ・オマエの学校時代の関係を長期にわたって維持している。その反対に職場縁は、仕事の切れめが縁の切れめ。現役で残った後輩との関係は、向こうにとっても相手をどう扱ってよいかわからず、困惑するだけだということはわきまえておこう。

女性は職場縁にまきこまれないぶん、女縁という名の選択縁を積極的につくりだしてきたが、男縁が女縁ほどは発達せず、また男性の交友関係のなかで10代にさかのぼる学校縁が大きな比重を占めているところをみると、逆に、10代以降に利害関係のない人間関係を新たにつくりだすことが、それほどむずかしかったのだろうか、という思いになる。

「親友？　高校時代にラグビーの部活をともにした友人ですね」とか、「学生時代につくった友人が生涯の友となるんだから、大事にしなさい」とかいうアドバイスを耳にすると、あまのじゃくなわたしなどは、このひと、オトナになってからはお友だちをつくれなかったのね、かわいそうに、と思ってしまう。

ヒマつぶしの達人たち

その2　時間はひとりでにはつぶれない。

ヒマをじょうずにつぶすには、ノウハウもスキルも、そのうえインフラ（基盤づくり、初期投資）もいる。ここでは、ふたりの男おひとりさまの例を紹介しよう。

俳句にクラシック音楽、一生勉強の教養派

マサアキさん（72歳）は退職教員。元は高校の国語教師だった。毎週週末には地元のシルバー大学の俳句教室の講師をしている。毎回季題を出したりして勉強しなければならないし、季節ごとに吟行《ぎんこう》に出かけたりもするので準備にけっこう忙しい。週に何日かはこのために費やす。わずかながら謝礼も出る。かけた時間にくらべればわりがあわないが、いまのところこれにいちばんうちこんでいるので悔いはない。

退職したあとも、「先生」と呼ばれるのはこのおかげ。俳句を教えることができるのも国語の教師をしていたからこそ。「一生勉強」が信条だから、こういう人生の過ごし方が自分に合っていると思う。

もうひとつべつの楽しみもある。昔の教え子たち、いまは地元で専業主婦をしている女性たちを集めて、自宅でクラシックの鑑賞会を開催しているのだ。ＣＤのコレクションは、ＬＰ時代から年季が入っている。オーディオセットにも投資した。うれしいのは、かつての教え子たちが、いまでもこうやって自分のもとに、ときには子連れで集まってくれることだ。

マサアキさんの時間の過ごし方は、職業生活と直結している。俳句もクラシック

音楽も、教師らしい教養主義に結びついているし、このひとはよほど教えることや教わることが好きなのだと思う。

ただ人柄がいいので、かつての教え子が慕いよってきてくれる。考えてみれば、俳句教室の受講生も大半が女性、クラシック鑑賞会の参加者も女性。まわりを女性に囲まれているのはお幸せというべきだろうか。

スキーにカヌー、三世代続くアウトドア派

もうひとりの時間持ちの例をあげよう。

歯科医のタケシさん（65歳）はアウトドアスポーツの愛好者。ランドクルーザーにカヌーを乗せて、四万十川へ川下りに行ったこともある。元旦には、友人と息子をクルマに乗せて、スキーを積んで富士山へ飛ばし、明け方に初滑りをして帰ったこともある。

最近ではさすがにそんなにハードな遊び方はしないが、その代わり、小学生の孫にスキーとカヌーを教えるのが楽しみ。休みにすすんで孫を連れ出してくれるので、嫁からは重宝がられている。妻に先立たれたが、二世帯住宅の階上に住む息子一家が食事をともにしてくれるので不自由はない。頼めば後添えを世話してくれそうな

友人知己もいるが、いまの二世帯住宅の平穏をこわしたくないので、再婚は考えていない。

もともと男同士で海や山に行くのが好きだった。妻は室内派でカラダも弱かったので、連れて行かなかったし、ついてきたいとも言い出さなかった。さいわいなのは、蒲柳《ほりゆう》の質の妻から生まれた子どもたちが、いずれもアウトドア派に育ってくれたことだ。小さいときから一緒に連れまわしたのが功を奏したのだろう。今度は孫を、忙しい息子に代わってアウトドア派に仕込む番。だが小学校も高学年になれば教育熱心な嫁が塾だお受験だと言い出しそうで、孫が自分につきあってくれるのもあと数年のことだろう。

最近では、山でもスキーでも出会うのは熟年ばかり。泊まりがけの山歩きや恒例のスキーツアーもあるので、遊び相手には不自由しない。シニア割引のシーズン券を持っているホームゲレンデの常連には、最高齢86歳のおひとりさまスキーヤーがいる。そのひとを見ると、この先20年はだいじょうぶ、と思える。

趣味を共有できなかった夫婦

こういう多彩な趣味やスキルを、どこで、いつ、身につけたのか、それも調査した。家族歴、学校歴、職場歴のどの場面でノウハウを身につけたかとたずねると、多いのは家族歴。

マサアキさんの俳句のスキルは職歴と関係しているが、クラシック音楽は、父親が好きで、小さいときからよくコンサートに連れて行ってくれたという。タケシさんのアウトドア趣味は代々の家族歴。親がよく海や山に連れ出してくれたおかげで自分も好きになり、わが子も野外に連れ出し、今度は孫を仲間に引き入れようとしている。それに加えて学校歴。大学時代にサークルに入ってカヌーを覚えた。ヨットもやってみたが、ヨット部に集まってくる都会の遊び人らしい同年配の若者たちとどうもそりが合わず、こちらはじきにやめた。

遊びのスキルは一朝一夕では身につかない。フランスの社会学者、ピエール・ブルデューは、こういう身についた趣味を「文化資本」と呼ぶ。カネだけでなく、趣味も階層の指標なのだ。そういえば、タケシさんが妻と知り合ったのはヨット仲間の紹介から。都内の名門お嬢さま大学の女子学生だった。「趣味が合う」から恋が始まることもよくあるが、すでにどんな趣味かで相手はふるいにかけられている。妻が自分を選んだのも歯科医大の学生だったからで、ふつうのサラリーマンになる予定だったら見向きもされなかったかもしれない、と思う。

アウトドア派とあまり縁のなかった女子大生の妻が、地方出身のタケシさんに惹かれたのは、たぶん周囲の仲間たちとちがう、正直で飾らないところに目が行ったのだろう。他方、タケシさんにとっては結婚前の妻は、まぶしいような女子大のプリンセスだった。婚約を決めたときは、まわりから「なんでおまえみたいなダサいヤツが、彼女を射止めたんだ?」とふしぎがられたものだ。たぶんお互いに異文化だったから惹かれ合ったのだろう。

だが長い結婚生活では、結局うまく「趣味の共有」はできなかった。歯科医院の跡取りだった自分について郷里に来てくれたのはありがたいが、都会育ちの妻はそれにも終生不満があっただろう。それぞれ〝棲み分け〟をしてきたが、夫婦の齟齬《そご》は最後まで解消されず、死なれてどこかほっとした気分がしたのはほんとうだ。

初期投資が高いと、安いコストで楽しめる

文化資本を身につけるにも投資がいる。時間持ちのリッチなヒマつぶしをみていると初期投資が高くつくことがわかる。

タケシさんは4輪駆動のランドクルーザーとカヌーを持っている。スキーの道具にもずいぶん投資した。マサアキさんは、オーディオ装置にカネをかけている。自

慢のスピーカーを置くために、半地下のオーディオルームをつくり、室内をコルク張りにしたので、結局インフラ投資はずいぶん高くついた。数年前にＤＶＤでオペラを観ようと大型スクリーンを設置した。亡くなった妻は、「お父さんの道楽」と呼んでいたが、タバコも酒もやらないマサアキさんにとっては、このくらいの道楽はバチも当たるまいと思っている。

おもしろいのは初期投資が高いと、一回あたりのフローのコストは安いこと。タケシさんが友人たちと２泊３日のカヌー旅行に行ったときは、ガソリン代や食料を入れてひとり３万円程度しかかからなかったし、友人と息子を連れて元旦に富士山初滑りに行ったときも、高速代込みでひとり６０００円程度ですんだ。これが子どもふたりを連れて浦安のディズニーランドへ行くのだったら、そんな予算ではすまないだろう。

文化資本に加えて、社会関係資本も力を発揮する。社会関係資本とは、どんなひとをどれだけ知っているかというつきあいのストック。「人持ち」をまんま専門用語にしたようなもので、最近、社会学の業界で流行りだした。その社会関係資本があるおかげで、フローにカネをかけずにお楽しみのメニューを増やしている例にはいくつもお目にかかった。

あるひとは、知人が経営している会社の社員用の研修施設（とはいっても名ばかりで、税金対策のために経営者が建てた自分のための別荘なのだが）を毎年家族で利用している。べつのひとは、プロモーション関係の仕事をしている友人から、招待券や試写会の案内が次々に来るので、映画や展覧会におカネを使ったことがない。

高学歴者の〝地域デビュー〟はむずかしい

こういう例をみると、生涯にわたっての豊かなヒマつぶしには、子どものころからの文化資本や社会関係資本の蓄積がものをいうことがわかる。老後になって急に生きがいや趣味を、というのでは間に合わない。やはり、子どもたちには学校以外の遊びのメニューをたっぷり与えたほうがよいし、学生時代には、学業以外のクラブやサークル活動にいそしんだほうがよい。一見ムダとみえる活動が、あとになって時間持ちのヒマつぶしメニューを増やしてくれるのだ。

おけいこごとや学問もそのメニューのひとつだろう。

先述のマサアキさんは「一生勉強」の教養志向の男性。元教師だけあって、学校が大好きだ。おもしろいのは各地の高齢者向けコミュニティ活動には、「シルバー講座」だの「寿大学」だのと学校教育を彷彿《ほうふつ》とさせるネーミングが多いこと。こういうところに集まる高齢者には高学歴者が多い。「寿大学」だの「シルバー講座」だのは、学校好きな高学歴の高齢者向けに、自治体が苦肉の策で考えついたネーミングだろう。

他方、地域には昔から老人会があって、老人会長が仕切っているが、こういう地縁コミュニティには、定年退職者は入っていきづらい。老人会の主力メンバーは地域の商店主や商工自営業者。もともとその地域にしっかり根をはって、年齢集団ごと持ち上がってきた例が多い。

そこに突然、大企業の定年退職者が〝地域デビュー〟をしようと思っても無理。水と油で、お互いにそりが合わない。それに70代、80代の男性は、学歴格差が大きい。大卒者の割合が同年齢人口の1割を割っていたころの世代だ。学歴がちがえば異文化のようなもの。こういう社縁からはみだした高学歴者の集まりには、地縁・血縁より、選択縁のコミュニティがふさわしい。

年齢に関係ないヒマつぶしのノウハウを

茶道、華道などの芸事も、ヒマつぶしメニューとしてはよくできている。日本人はただの芸事を人格陶冶《とうや》の「道」にまで高めるのが好きだ。しかも天皇制によく似た家元制度まであって、権威づけをしてくれる。ネズミ講システムになっているから、弟子もつくし、先生とも呼ばれる。

京都はこの種の家元のメッカ。東京が政治経済の首都なら、京都は文化首都。家元の総元締めは天皇家だから、昔から京都には、憲法第1条を改正して天皇に「国の象徴」をおりていただき、文化財天皇制の家元として京都御所へ帰ってもらおう、という動きがある。いや、かえってめんどうだから、このまま千代田のお城にいていただくほうがよい、という反対意見もあるが。

京都はいまでも文化都市のブランド価値が高く、「みやこ」といえばだれでも京都を思い浮かべる。京都暮らしだったわたしは、はじめて東京へ行ったとき、鉄道が「上り」だったことにびっくりしたものだ。だって京都人にとって、東京へ行くのは「東下《あずまくだ》り」と決まっていたものだから。

その京都の観光案内のポスターに、「そうだ　京都、行こう。」というキャッチコピーがある。京都に縁がなくても歴史のゆかりからなんとなく京都をなつかしくおぼえ、なんの理由もなく思い立って、「京都、行こう」が通用する。これが、「そうだ　名古屋、行こう」とか「新潟、行こう」では、このインパクトはない。

だが、短期滞在の観光旅行より、いっそのこと京の町屋《まちや》を宿舎として提供し、一流の家元のもとで3カ月から半年間、仏画から面打ち、能楽から狂言、染織から陶芸まで、上級編を授業料込みで提供するプログラムは組めないものか、と考えたことがある。パリの名門料理学校、コルドンブルーに高い授業料を払ってわざわざ留学するひともいるくらいだ。京の町屋の生活体験付きで日本の伝統芸能や工芸を学べる留学プログラムは、きっと需要があると思うのだが。キャンペーンのキャッチコピーは、「そうだ、京都留学しよう」と提案したら、即却下された。

学問も、この種のヒマつぶしメニューとしては時間とエネルギーをいくら投資しても追いつかないくらい、よくできている。学位や資格など、権威主義の匂いのあるところに惹かれるひともいる。わたし自身は、**「学問は、自分がすっきりしたいだけの、死ぬまでの極道」**と考えていて、年齢に関係のないヒマつぶしのノウハウをもっていてよかった、と心から思っている。

男おひとりさまの生きる道

男おひとりさまに生きる道はあるか？

ある、というのが本書の答えである。

なぜって、充実した「男おひとりさま道」を生きているひとたちを、わたし自身が何人も知っているからだ。

田原晋《ススム》さん（73歳）は、おひとりさま歴15年。58歳のとき、50歳の妻を失った。突然の死で、心の準備もなかった。そのススムさんからこんなお便りをいただいた。

「突然におひとりさまになられた男の方へ先輩からの、こちらの生活から生まれた老婆心10カ条。いえ、上野千鶴子著『おひとりさまの老後』を読んで、そこに描かれた男性の方を応援したくなりました、愛をこめて」

ご本人のおゆるしを得て、本書で公開する。短いコメントは、ご本人のものである。

ススムさん73歳の「男おひとりさま10カ条」

①トイレはいつも腰かける。

掃除もご担当になるおひとりさまのために、周囲を汚さないためには必須の方法ですが、この姿勢は思いもかけぬ発想をさせてくれます。たとえば、男のコケンとは立っておしっこをするようなものだ、などなど。

②料理教室できちんと学ぼう。

日常を健康に生きていくための料理をきちんと学びましょう、「男の料理教室」なんて百害あって一利なし?です。

③お弁当をつくって出かけよう。

自然の中での食事はいいものです。どんな中身でもコンビニ弁当とはまるでちがいます。少し慣れたら、お花見に女友だちを誘いましょう。お重などに入れて持参すれば感激してもらえます。なに、デザートに果物や市販の桜餅などを入れておけば、こちらの作ったものの味はどうでもいいのです。

④ゆったり楽な格好はしない。

なぜか働かないのなら「だらだらした格好だ」と信仰している方がいるのですが、それは逆効果。パンツはきりりとぴっちりに、下着はトランクス型で、できればカラフルがおすすめ(見せたくなるほどのきれいなものなら、その努力をおしまなくなりますから?)。

⑤買いものにはカゴを持って。

スーパーへの買い物は大きなカゴを持参します。それをレジで出して直接その中に入れてもらいます。自分で入れ替える手間が省けます。

⑥見知らぬ人とお話ししましょう。

散歩や食堂のテーブルで相席になった人となるべく話しましょう。「おひとりさま」同士なら結構話がはずみます。それ以上に発展することはないけれど、それがまた無責任でうれしいものです。

⑦でも仕切ったらだめですよ。

そのうちどこかのグループに声がかかって出席するようになった時、男が一人だとなぜか仕切らねばと反射的に行動する人がいらっしゃる。これはやらないほうがいいですよ。

⑧男性化粧品はもういいや。

考えてみたら、男性用の肌というのが女性とどう違うのかわからない。女の方が使っておられる化粧水の無香料というのを、いいかげんに顔から首筋までつけてます。

⑨姿見を買う。

これ意外に盲点です。自分の全身を眺める。どんなにじじいになっているか、姿勢が悪いか、もう少し気持ちいい格好をしろとか、自分で自分に注意しないと誰も言ってくれないのですから。

⑩花を生ける。

最初は仏壇のお花をきらさないのが目的でしたが、自分のためにも求めるようになりました。なにより、花があると家の中が華やかになります、これは想定外でした。

なるほどねえ、という男おひとりさまの暮らしの知恵。とくに、①は想定外だった。カラダのしくみがちがうから立ってするのは当然、とは思っていたが、それに立ち小便こそは男の特権、ほかにうらやましいこともないが、これだけはうらやましい、と思ってきたが、たしかに落差があれば、はねることもある。ほかに掃除をしてくれる人手がなければ、まずは汚さないのがいちばん。当事者でなければわからない実感が満載されている。

ちなみに、④の「パンツ」は、下着のパンツではなく、ズボンのこと。ススムさんたちの世代は、この程度にはオシャレ。「カラフルなトランクス」好みのところなど、妻が存命中から下着は自分で選んでいたのだろうと想像させる。

女ばかりの劇団でひっぱりだこ

ススムさんは、愛妻家だった。妻の早すぎる死に痛手をこうむったが、落ちこんでいたススムさんを引き上げてくれたのは、以前からつきあいのあった女性たちだった。つきあいのあった女性といっても、愛人や恋人ではない。「純粋異性交遊クラブ」という集まりを主催したこともある、地域活動を続けてきた女性グループとの「グループ交際」である。

おひとりさまの先輩格の女性たちが、ススムさんを「シニアシングル研究会」に誘ってくれた。その発表をパフォーマンスでやろうという趣向になって、そこから「シルバームーン」というシニアオンリーの劇団が生まれた。**入団資格が50歳以上、「月のものがあがっていればいい」というシニア劇団である。**

「シルバームーン」という名は、人気アニメの「美少女戦士セーラームーン」から来ている。制服姿の女の子たちが、突然パワフルに変身して、「月に代わって、お仕置きよ！」という決めぜりふを言うところを、「シルバームーン」では、「月があがって、お仕置きよ！」と言い換えて笑いをとる。関西ではちょっとした人気者で、各種のイベントの前座に声がかかるようになった。

地域活動の担い手は、ほとんど女性。男性は希少価値である。とりわけ舞台の上で「男性」を演じる男優が不足すると、女性が「男装」して男の役をやらなければならない。宝塚の男役ならともかく、オヤジ役を小柄で声の高い女性が演じると、サマにならない。「男優」はひっぱりだこなのだ。

芸名は「カルメンおしん」

この歳になってもメタボ体型にならず、すらりと細身で背の高いススムさんは、一座の人気者になった。そのうち楽屋でメイクや着替えをする「女優」たちに、劇団唯一の「男優」、ススムさんはいじられるようになった。

仲間の女優さんのメイク用品を使って女優メイクをしてみると、思いがけず映えた。それならあれもこれも、と女性用のコスチュームをためしているうちにどんどんはまった。ついに座付き作者が、女装したススムさん用の出番をつくってくれた。芸名は「カルメンおしん」。女装した男性だとわかっている観客からは、やんやの拍手が出る。いまでは、「シルバームーン」に欠かせない人気役者のひとりだ。

退職前のススムさんは、関西の某大企業の部長職。定年前の彼には、女性たちは声をかけなかっただろうし、妻に先立たれていなかったら、やはりお声がかかることもなかっただろう。退職前から、ススムさんの柔軟でひとを分けへだてしない性格を彼女たちが知っていたからこそ、誘ってくれたのだと思う。

男女を問わず、おひとりさまには周囲が声をかけやすい。これもおひとりさまになった利点のひとつだ。

もちろん不慮の死で妻を失ったススムさんが、妻に先立たれたことを哀しんでいないわけではない。だが、妻が生きていたら経験することのなかった新しい体験を、仲間たちと味わっていることはたしかだ。

海外ひとり旅がやみつきに

おひとりさまになってから、ススムさんが見つけた、おひとりさまならではのもうひとつの楽しみがある。海外ひとり旅である。

在職中から仕事がらみの研修旅行を自分で仕切って、グループを引率して海外に出るのは慣れていた。だが仕事を離れてからは、かつての仲間たちとではなく、ひとりであまり日本人の行かない中央アジアや、東欧などを旅している。切符や宿の手配は全部ひとりでして、行った先の不自由やハプニングも楽しむ姿勢は柔軟だ。

その記録をブログにして発信している。

わたしも経験があるからよくわかるが、海外ひとり旅の情報量は、ふたり旅やグループ旅行にくらべて、かくだんに増える。見知らぬ土地で自分の感覚が全開になっているだけでなく、**ひとりだとまわりが勝手に寄ってきてくれる**からだ。

カップルふたり旅だと周囲はかえって邪魔しないように踏みこんでこないし、グループ旅行だと遠巻きにされる。パッケージツアーともなれば、旅行中に知り合ったのはツアー仲間だけ、ということにもなる。

これがひとり旅だと、土地の子どもたちは寄ってくるし、レストランで食事をしているだけでだれかが声をかけてくれる。ヒマな土地のひとが、ついてこい、案内してやる、と言ってくれるし、場合によっては自宅へメシを食いに来いと誘ってくれさえする。わたしなどは、ホテルをキャンセルしてうちへ泊まりに来い、とまで言ってもらった。ススムさんは、日本人観光客の姿などめったに見ない東欧の田舎町で、工芸を勉強しに来てそこに住み着いている日本人女性と知り合って歓待を受けた。

もう何年も海外ひとり旅がやみつきになっているススムさんは、リピーターになって、今度は何年ぶりかで、かつて訪れた町のひとたちを再訪するようになった。よく来た、と旧来の知己のように迎えてくれる外国のひとたちの温かさが忘れられない。これも肩書きも職業もなしで、カミシモぬいで、「ただの初老の男おひとりさま」になって出会うからこそ、だと思っている。

無力な自分を体験できるチャンス

外国に出れば、とりわけことばの通じない土地へ行けば、ひとはだれでも弱者になる。自分の意思が伝わらず、わずかな要求を通すのにさえ大汗をかく。だれかに助けてもらわなければ生きていけない。

自分が無力な赤ん坊になったような気分を味わうとき、お返しが帰ってくることを期待しないだれかの善意を受けることほど、うれしいことはない。このひとが日本に来ることがあれば、同じようにしてあげたいと思っても、地球の反対側にある極東の島国を、彼らが訪問する可能性はほぼないに等しい。

だから海外で出会う他人の善意は、まじりけなしの純粋な贈与だ。そして、そういうひとたちは、困っているひとに手をさしのべるので、困っているように見えないひとには声をかけないだろう。わたしはガラが小さくて、そのうえ女だから、ホントにトクをした。ススムさんも、物腰のやわらかな、他人に脅威を感じさせない態度と笑顔の持ち主だ。

海外ひとり旅は、「無力な自分」「助けてもらう自分」を経験するのに、よい訓練の場かもしれない。

男おひとりさま道10カ条

ススムさんにならって、わたしも「男おひとりさま道10カ条」を考えてみた。

第1条　衣食住の自立は基本のキ

男おひとりさまにとって、衣食住の自立は基本中の基本。とりわけ「食べる」ことは生きることの基本。365日、外食や中食ばかりでは栄養がかたよるし、健康管理もできない。夜更かしして暴飲暴食したり、「お米のジュース」(日本酒)ばかり飲んで主食を食べなかったり、朝飯抜きで飛び出してもだいじょうぶなのは、若いうちだけ。規則正しい生活をして、睡眠をじゅうぶんにとり、ひとりの食卓でも3食をきちんととり、身のまわりを清潔にして過ごそう。

つまり、生きものとして生活する基本を大事にしようということ。こういう基本を、妻や母親まかせにして何十年も生きてきたとは信じられない。孤独死した男性の死亡現場から、天井まで積み上げられたコンビニ弁当の空き箱が崩れてきたというエピソードがあるが、これではまるで緩慢な自殺行為というほかない。

第2条　体調管理は自分の責任

メタボ体型の男性のみならず、高齢の男性には生活習慣病のひとが多い。高血圧や糖尿病、肝機能障害などでクスリを手放せない慢性病のひともいる。根治できなくても病気の進行を遅らせることができる薬剤はいろいろ出まわっている。妻がいたときならいざ知らず、体調管理は男おひとりさまの自己責任、と心得よう。

病気になれば、結局クオリティ・オブ・ライフ（生活の質）が落ちる。自分自身のために自分のカラダを心にかける。これができないばっかりに、男性は過労死などをしてきたのだ。自己を過信せず、自分のカラダの声に耳をかたむければ、「危ないな」という信号や、「ストップ」のサインは聞こえるはず。

第3条　酒、ギャンブル、薬物などにはまらない

つらい現実に直面したとき、そこから一時的に逃避させてくれる嗜癖《しへき》の対象はいろいろあるが、なにをにはまるかは男女差がある。

男性は、酒、ばくち、それに女。女性のほうは、過食に、ショッピング。女性も酒やセックスにはまる場合があるが、アルコールやセックスへの依存は「女のくせ

男おひとりさま道　10カ条

第1条　衣食住の自立は基本のキ

第2条　体調管理は自分の責任

第3条　酒、ギャンブル、薬物などにはまらない

第4条　過去の栄光を誇らない

第5条　ひとの話をよく聞く

第6条　つきあいは利害損得を離れる

第7条　女性の友人には下心をもたない

第8条　世代のちがう友人を求める

第9条　資産と収入の管理は確実に

第10条　まさかのときのセーフティネットを用意する

に」と敷居が高い。対して男性は、もともと「男らしさ」のアイテムに「飲む・打つ・買う」の3点セットがあるから、これらにはまることへの抵抗が少ない。

アルコールを鯨飲《げいいん》し、ばくちに大枚をはたき、漁色家《ぎょしょくか》であることが、「男を上げる」条件だとカンちがいしているひともいるくらいだ。男のほうがぜったいに現実逃避的だと、わたしはにらんでいる。

最初はわずかな「さみしさ」や「つらさ」をまぎらわすために手を出した嗜癖が、やがて依存になり、ぼろぼろになるまで健康や生活を破壊するにいたる。いたずらに死期を早めるだけでなく、周囲を巻きぞえにするはた迷惑な自爆テロといってよい。とくに男おひとりさまは、止めてくれるひとが周囲にだれもいないので要注意。やめろとは言わないが、なにごともほどほどに。

第4条　過去の栄光を誇らない

高齢の男おひとりさまで「困ったちゃん」は自慢しい。現在の自分に自慢することがないので、いきおい過去の栄光に頼ることになる。聞かされるほうは、おもしろくもおかしくもない。

もともと男性は、若くても若くなくても自慢しい。自分のことしかしゃべらない傾向がある。恋人やバーのホステスさんなら、「いまの話、3度目よ」なんてイエローカードを出さずに、「すごいわねえ、あなた」と聞いてくれるかもしれないが、女の側に下心も利害もなくなれば、男の自慢話は鼻つまみなだけ。

女が男をあやつることを、「鼻毛を読む」とはよくも言ったものだ。ひざにもたれてナナメ45度を見上げると、ちょうど視界のまんなかにオヤジの鼻の穴がくる。女性がこんなことをしてくれるのは、厚いサイフからカネをひきだそうとするときだけ。

最近は女性もムダながまんはしなくなったので、おショーバイでカネでも払ってもらわなければ、自慢話を忍耐強く聞いてくれたりしないだろう。男性の集まりでも、過去の経歴にすがるひとは、周囲から干される傾向がある。ひとのねうちは、はたが見つけてくれる。自分の口から言うものではない。

第5条　ひとの話をよく聞く

その反対がこれ。居場所を見つけたいと思ったら、まず、「しゃべる」より「聞く」側にまわること。しゃべくりで「おもしろいひと」と思ってもらえるのは、一時のこと。自分でしゃべってばかりだと、すぐにあきられる。**間をもたせようと思**

ってしゃべりまくるのがサービスだとカンちがいしている男性が多すぎる。

その反対に、「しゃべるのが苦手で」と黙っている男性もいる。「うちのお父さん、無口で」と妻がこぼすのは、夫の沈黙に対してではない。自分の言うことを聞いてくれないことに対してだ。このひと、ホントに聞いているのかしら、言ってることが届いているのかしら、と不安になるからだ。

以前、「非モテ」系の男性を対象にした「花婿学校」の講師をしたことがあったが、そのとき、初対面の女性と30分間話をもたす、という課題を出した。難題ではない。相手のことを聞いてあげる……これだけで30分はかるくもつ。そのうえ好感度も上がること請け合いだ。ただし、本気で相手に関心を示すことが大事だ。

第6条　つきあいは利害損得を離れる

仕事上の関係は損得がらみ。だが、人生を定年でリセットしたあとは、利害損得を離れた水のごとき清遊をよしとしよう。権力欲や名誉欲も持たないことだ。

欲得がらみの下心があれば、相手にはすぐにわかる。裏返しにいうと、利害や損得のない関係でも、あなたが相手にしてもらえるのは、純粋にあなたという人物の人柄が受けいれられているからだと確信できる。ひとを利用しようとしてだれかに近づかず、あなたを利用しようとするだれかを近づけないことだ。

とりわけ資産や名誉をもっていれば、甘いことばであなたにすりよってくるだれかれは尽きないことだろう。それどころか、子どもたちやその配偶者、親族たちもあなたを利用しようとするだろう。とくにカネがらみはトラブルのもと。連帯保証人の判子はつかないこと。カネを貸してくれという友人がいたら、捨てるつもりで出せばよい。そして、先述の深澤さんのアドバイスどおり、その「友人」を「知人」のカテゴリーに、自分のなかで変更しておけばよいだけだ。

第7条　女性の友人には下心をもたない

おひとりさまになった楽しみのひとつは、男女ともに、配偶者以外の異性とおおっぴらにつきあえること。異性の友人がいることは人生の楽しみのひとつだ。

とくに男おひとりさまを女性はほうっておかないから、あれこれおせっかいを焼いてくれる。手料理の差し入れや日常の心づかいなど、ありがたくちょうだいしておけばよい。その際、感謝を素直にあらわすことと、髪形でも料理の腕でも、なんであれ女性をほめることばを出し惜しみしないこと。

ただし、いまさら「つがい」になろうという下心は捨てること。もう繁殖の季節ではない。女性をひとりゲットしたら、ほかの女性はすべて退いていくと覚悟しよう。とりわけ女縁のつきあいに入りこんだら、抜け駆けは厳禁。総スカンを食らう。

せっかく男女を問わず多様な友だちがたくさんいたほうがよい、という気分になれたのに、これでは「家族定年」前に逆戻り。またまた同じことをくりかえす結果になる。グループ交際がいちばん。共学育ちの戦後世代は、サークルや地域活動の経験から「男女の仲」にならずにすむ異性の交友関係に慣れているはずだ。

第8条　世代のちがう友人を求める

「年寄りがキライだから、デイサービスには行きたくない」とのたまう年寄りはたくさんいる。他人の歳とった姿を見ると、わが身もそうかといやおうなしに思い知らされる。それに年寄りの話はグチとくりかえしが多くて、うんざりする。

男性は、同世代であればあるほどパワーゲームから降りられず、「同期のササキくんは……」とつい自分とくらべるクセがなくならない。

老後は個人差がきわだつ。配偶者のいる同世代の男性から、同情の目を向けられるのもいまいましいし、暮らし向きや名誉で比較されるのもイヤだ。

その点、世代がちがうとパワーゲームからは降りられる。映画などでよく取り上げられるのは、祖父の年齢の老人と孫の世代の交流。父と息子のようなタテの関係には葛藤がつきものだが、オジとオイのようなナナメの関係は比較的うまくいく。息子とはうまくいかなくても、息子の年齢の他人とはうまくいく男性もいる。それに世代のちがう友人は、異文化を運んできてくれる。パソコンの新しい使い方を教えてくれたり、サブカルチャーの情報をもたらしてくれたりする。

ただし、教える、導く、説教するはタブー。「教える」とは、相手に「教わる」キモチがあるときしか成りたたない行為であると、肝に銘ずべし。

第９条　資産と収入の管理は確実に

日本の夫には家計管理権を妻にゆだねてきたひとが意外に多い。これは世界的にもめずらしい現象で、「日本の妻はしいたげられているというけれど、実際に家で実権を握っているのは妻のほうで……」とよくいわれるのはこのせいである。

なかには資産管理まで妻にまかせっぱなしで、気がついたら家が建っていたという男性もいる。もっとすごいのは、共働きの妻が、家計費はすべて夫の収入でまかない、自分の収入は財テクにまわして、離婚したときには妻名義の家がべつに建っていたという実例がある。夫が家計管理をしないのは、日本の夫がカネに鷹揚《おうよう》で寛大というわけではなく、少ない給料のやりくりの責任を妻に押しつけているだけ。たんなる責任回避である場合が多い。

資産と収入の管理は自分で行い、おいしすぎる投資話や子どもからの二世帯ローンなどのお誘いにはのらないようにしよう。寝たきりになっても、他人さまのお世話になって生きられる金額をシミュレーションし、葬式と墓の費用を残して、自分のために使おう。そして、たとえ少額でも遺産相続で遺族が争わないように、きちんと自分の意思をあらわした遺言を書いておこう。

第10条　まさかのときのセーフティネットを用意する

それでもやっぱり、いつなにが起きるかわからないのが、おひとりさまの暮らし。女おひとりさまは入院キットを用意したり、連絡網を手配したりして、緊急時に備えている。備えあればうれいなし。心配性なのはちっとも困ったことではない。むしろ見たくない、聞きたくない、考えたくない、と逃避しているほうがまずい。

貴重品のしまい場所や緊急時の連絡先リストなどは、わかるところに置いておく。意識不明で病院に担ぎこまれたときのために、血液型、既往症や服薬一覧、薬剤へのアレルギーの有無などのメモも用意しておこう。

それよりなにより、変調を感じたときに気軽に連絡できる相手を複数確保しておくこと。もちろんいざとなれば１１９番で救急車を呼ぶ手もあるし、多くの自治体が独居高齢者のための緊急通報装置を設置しているが、この程度のことでボタンを押して大騒ぎになったら、と思うと手を伸ばすのがためらわれるものだ。

それより「ヘンだな」と感じたときに不安を訴える友人が複数いたほうがいい。電話をかけたら夜中にクルマでやってきて、強引に病院へ連れて行ってくれたおかげで命拾いしたひともいる。意識不明で昏倒《こんとう》する状態になる前に、カラダがなんらかのサインを送ってくれているもの。あのときのあれが……と、あとで思い当たるのは、カラダのサインを男性が無視しがちだからだ。

最後に、たとえひとり暮らしでも、**1日1回か数日に一度は、連絡したり顔を合わせたりする関係をつくっておこう。**友人でなくても、デイサービスの職員でもヘルパーさんでも、隣人でも買い物に行くお店のひとでもいい。「あれ、あのひと、今日はどうしたのかな？」と不審に思ってもらえる。家でひとりで死ぬのはＯＫ、覚悟はできている。だが発見が遅れて、はたに迷惑がかかるのを防ぐためだ。

ポットのお湯の使用状況やガスの利用状況の情報が遠方に住む子どもに伝わるというサービスもあるが、遠くの子どもより、まず近くの他人だ。それに自分の挙動が逐一子どもに伝わるのは、親子といえどもプライバシーの侵害でイヤだ、というひともいる。ある高齢者は、読まない新聞を毎日とっているという。配達の人が、たまった新聞を見つけて通報してくれるのを期待しているからだ。

以上、男おひとりさまを経験したことのないわたしが、こんな説教くさいことをいうのもはばかられるが、女性からみて、「男おひとりさまのここがイヤ」「あそこがダメ」ということだけはよくわかる。

あとはご自分で、カスタムメードのヴァージョンを追加してほしい。

第5章 ひとりで死ねるか

生の延長上にある死

寝たきりや認知症になってしまえば、女も男もない。他人さまのお世話になって従容《しょうよう》と生きるしかない。男女を問わず、おひとりさまの老後は施設で、というのが、これまではたったひとつの選択肢だったけれど、ようやくそれ以外の選択肢「在宅ひとり死」の可能性が見えてきた。

おひとりさまはひとりでいることが苦痛でなく、それを選択したひとのことだ。「ひとり死」は「孤独死」とは、まったくちがう。

孤独死は、孤立した生の果ての死。それに対して、ひとり死は、ひとりで生きてきた人生の延長に、ひとりで死ぬことがあるだけ。おひとりさまの暮らしがけっして孤独ではないように、ひとりで死ぬのは、たんに看とるひとがいないというだけで、それ以上でもそれ以下でもない。

死ぬのはだれにも代わってもらえない、ひとりでなしとげる事業。だれかに立ち会ってもらわなければあの世へ行けないわけではない。ひとり暮らしのひとがひとりで死ぬことを、価値判断抜きに「在宅ひとり死」と呼ぼう。その覚悟さえあれば、ひとり暮らしにはなんの問題もない。

世の中には集団生活になじめないひともいる。第2章で紹介したグループホームでただひとりの男性入居者のように、「社長」意識がアタマからぬけないひとの場合は、はたが迷惑するから集団生活を向こうから断られることもある。妻さえいれば最期まで自分のわがままにつきあってくれる可能性もあっただろう。だが、配偶者のいない男おひとりさまにとって、他人に合わせるのはよほど苦痛だろう。

女性のほうが、環境適応力は高いし、柔軟性が高い。女がもともとそういう生きものだから、とは考えないでほしい。それしか生きる道がないから、あきらめて環境に適応してきたのだ。ほかに生きる道がないと思えば、強制収容所の暮らしにだって、人間は適応する。

施設入所を自分から決めるお年寄りのなかには、「家族の迷惑をおもんぱかって」という動機がある。そういう配慮をつねに先取りするのは女性のほうだ。それにくらべれば、男性のほうがわがままだ。他人に合わせなくてはならない集団生活をするくらいなら、不便でもひとり暮らしを選ぶ。ゴミ屋敷で「ぜったいにここを動かん」とがんばるのは、男性に多そうだ。

家で最期を迎えるための条件

それでなくても柔軟性を失っている高齢者を、新しい環境に連れ出すのは酷というもの。それなら、そのひとらしい暮らしを維持しながら、在宅で最期まで看とりをすることは可能だろうか?

それがわたしの次の課題になった。

在宅ひとり死は可能か?

イエス、というのが、答えである。

そのための条件は以下の3点セット。

①24時間対応の巡回訪問介護

②24時間対応の訪問看護

③24時間対応の終末期医療

つまり、介護・看護・医療の3点セットと多職種連携がありさえすれば、おひとりさまの在宅死は可能である。

これまでわたしは介護関係のひとたちとおつきあいをしてきた。介護関係のひとたちには、ほんとうに志の高い、人柄の温かいキモチよいひとたちが多い。他方、ワンマンの父が医者だったこともあって、わたしは医療関係者への偏見がぬけず、できれば遠ざかっていたいものだと思ってきた。それがターミナルケアを研究対象にすると、そうも言っていられなくなった。医療者の役割を無視することができなくなるからだ。そう思ってつきあってみると、在宅ターミナルケアを実践しているお医者さまには、人柄のいいひとが多いことに気がついた。

生涯現役をはばむ「病」という障害

日本の高齢者の死因は、上から、１位が悪性新生物（がん）、２位が心疾患、３位が脳血管疾患（脳梗塞）、４位が肺炎（感染症）の順。年齢が上がるにしたがって、心疾患と肺炎の順位が上がり、85歳以上になれば老衰が５位や４位に登場してくる。

ざっくりいえば、①がんで死ぬか、②心疾患や脳梗塞で突然死するか、あるいは、③心疾患や脳梗塞などで療養中に感染症（肺炎）にかかったり心不全で死ぬか、それともうんと長生きして、④老衰で死ぬか、のいずれかであろう。老衰で死ねるのは文明の証。抵抗力の落ちたお年寄りは、たいがい肺炎などの感染症にかかって亡くなることが多い。寒い季節に高齢者の死亡が集中するのはそのせいだ。

ＰＰＫ（ぴんぴんころり）のように、「突然死」願望は高いが、死因のうち**突然死**

が期待できるのは、心疾患や脳梗塞。ただし、重篤《じゅうとく》な症状で助かる余地のないケースは多くない。それ以前に予震のような前兆があるから、軽い発作だと一命をとりとめて、半身麻痺や言語障害などの後遺障害を残して生きのびる。

脳梗塞を経験したあと、リハビリで奇跡の復活をとげた男性に会ったことがあるが、「あのまま障害が残ったらと思うと、思い出してもぞっとします」と口にした。「生涯現役」が信条の男性だったが、「あのまま死んでいたら」と思ったら、もっと「ぞっとする」んじゃないだろうか。

「あのとき、いっそ死んでいれば」と思うのは、障害をもった自分を受けいれられないから。わたしは障害のあるひとたちとつきあって、自分のキモチがほんとうに軽くなった。人生を楽しむのに障害の有無なんて関係ない、と思えたからだ。たとえ障害が残っても一命をとりとめたことを、あとになって感謝するのではないだろうか。

がんの余命宣告を受けたとき

死因が、①心疾患と脳血管疾患、②がん、③老衰や感染症の順に療養期間が短い。ただし、①心疾患と脳血管疾患が「突然死」になるのは、一発で死ねればの話。とはいえ、「予期せぬ死」は、ほんとうに幸せだろうか。自分にも周囲にも死を受けいれる準備がないのは、不幸なことかもしれない。人生にも仲間にも、「さよなら」も言えないのだから。

それにくらべれば、②がん死は、かなりの確率で死期を予測できる。死への準備や周囲への配慮をする時間があるだけいいかもしれない。それに「余命」は長く続かないので、資金計画も立てやすい。

がんの余命宣告を受けた佐野洋子さんは、「これでこの先、生活費の心配をしなくてよくなった」と心から安堵し、宣告を受けたその足で、カー・ディーラーに立ち寄って、かねてより念願のジャガーを購入したそうだ。

『がん患者学』（晶文社、2000年／中公文庫、2004年）の作者、柳原和子さんは、一時は玄米菜食の代替治療に凝りまくったのに、「カネがない」といいながら、京都で療養生活をするあいまに懐石料理や板前割烹などのグルメ三昧にふけった。その点、京都は世界有数のグルメ都市だ。あと少しの命、と思えば、遠慮もがまんもいらない。「好きなことにカネを使ってなにが悪い」と開きなおれるのも、がんのよさかもしれない。

死にいたるまでの時間と覚悟

これに対して、③老衰や感染症が死因となるケースは、寝たきり期間がいちばん長いといえるかもしれない。肺炎のような感染症はあっというまに死ぬと思っているかもしれないが、その実、寝たきりや長期療養中の高齢者が感染症で死ぬ場合が多い。感染症が死因になるということは、そのひとの体力や抵抗力がいちじるしく落ちていることを意味する。高齢者にとっての感染症は、誤嚥《ごえん》性《せい》肺炎や院内感染などの一種の介護・医療事故といえるものもある。

86歳で死んだわたしの父親は、15カ月間、病院に長期入院してがん死した。衰弱していたカラダは新陳代謝の能力を失って、皮膚はいまにも裂けそうなほどもろく薄かったが、遺体は床ずれひとつなくきれいで、15カ月のあいだ肺炎にかかることもなく亡くなった。病院がよほど手厚い看護をしてくださったのだろうと、心から感謝した。ただし、迫りくるがん死に、本人は心身ともに苦しんだが。

いっぽう、都内の有名病院に入院して肝炎の治療にあたり、肝炎ウイルスは100パーセント根治して治療に成功したのに、感染症にかかってあっというまに病院死したひともいる。病院は、抵抗力の落ちたひとには危険な場所なのだ。

死亡診断書に医師が「肺炎」とか「心不全」とか書くのは、主病因ではない死に方によるものが多い。

わたしの母親（享年76歳）は、転移再発した乳がんの闘病中に、心不全で亡くなった。末期がんの患者さんに死相が浮かび、下顎《かがく》呼吸が始まるがん死をみてきたことのあるわたしは、まだ肌に色つやのある母を見て、「お母さん、かわいそうだけど、そうすぐには死ねないわよ。クリスマスには帰ってくるからそれまで待っててね」と言い残して、当時の赴任地であるドイツに旅立った。着いて数日後に、死亡の知らせを受けて、急遽日本に戻ることになったのだけれど。

母の遺体はふっくらして肌もきれいだった。モルヒネがカラダに合わず、苦しんでいた母が、がん死を迎える前に心不全で死ねたのは、彼女にとってはよかったかもしれない。母は心臓病の持病を患っていた。

こんなふうに書けば、いたずらに不安をあおることになるだろうか。

在宅看とりを支えるひとたち

さて、どの死に方がいいか。

残念ながら、死に方だけは選べない。亡くなる前に、数カ月間は他人さまのお世話になることを覚悟して、それを受けいれる備えさえあれば、おそれることはない。

在宅看とりを実践しているお医者さまに必ず聞くのは、「おひとりさまでも、在宅で死ねますか？」という問いだ。「これからの課題です」という答えもあるし、「はい、できます。実際にやりとげましたから」と答えるひともいる。

首都圏郊外の小平市で「ケアタウン小平」を運営している医師、山崎章郎《ふみお》さんはそのひとり。もともとがん緩和ケアの専門医だった。訪問介護ステーション、看護ステーションを組み合わせて、在宅ターミナルケアを実践している（山崎章郎・米沢慧『新ホスピス宣言』雲母書房、２００６年）。

わたしがお訪ねしたときには、地域の約60世帯の高齢世帯を対象に、かなり重度の末期がんの患者さんの、ペインクリニック（痛みを緩和する治療）を含む在宅医療を受け持っておられた。ご自分の携帯電話の番号を患者さんに教え、「いつでも連絡していいですよ」と伝えてあるという。

山崎さんは、わたしと同世代の団塊世代。60歳を超えている。60代にもなればカラダにこたえるだろうし、なにより私生活が破壊され、家族のうらみを買うだろう。

「いつでも連絡していい」は、まさか本気で？　と心配したわたしに、山崎さんはこう答えた。

「24時間いつでも対応してもらえるという安心感さえあれば、患者さんからはめったに電話はかかってこないものですよ」

実績はこれまで月に約２回。この程度ならこなせるという。その後、ドクターも複数体制になって負担の軽減をはかっている。

山崎さんだけでなく、実際に夜間対応いつでもＯＫという体制をとっている在宅医療の関係者は、口をそろえて同じことを言う。「大切なのは患者さんの安心感」と。それさえあれば、そうむちゃくちゃに電話はかかってこないのは事実のようだ。

生協「オレンジコープ」の取り組み

24時間対応の医療を支える条件は、ふたつ。ひとつは、ひとりの医者に負担が集中しないように複数の医療者のあいだでリスクを分担し合う連携のしくみ。もうひとつは、医者の出番を減らす訪問看護のサポートだ。

急性期治療が終わって容態が急変しないことが予想される患者には、昔からホームドクターがいた。後期高齢者医療制度が提唱した「かかりつけ医」制度は、これを復活させようというものだったが、報酬の定額制は高齢者医療を抑制するためか、と批判を受け、医師会から猛反対を受けた。なにより、「町のホームドクター」そのものが後継者難で消えゆく運命にあった。地域の高齢化がすすめば、ホームドクターの負担はますます重くなる。これを軽減するしくみが、「当番医」制度だった。

大阪府下の泉南にある生協「オレンジコープ」では、医療・介護・生活支援の安心つきの高齢者住宅に力を入れている。生協が提供している訪問介護に加えて、地域の医師や歯科医師など医療関係者のチームで訪問診療と訪問介護を融合したネットワーク「ゴールドライフ」をつくりだした（笠原優『みのり豊かに――オレンジコープの挑戦』幻冬舎ルネッサンス、2008年）。

ここの特徴は1人の患者を2名以上の医師が診ること。情報を共有することで、見落としが防げるし、緊急事態にもすぐに代替要員が確保できる。医療者の負担も少ない。2008年時点で、医師5名、歯科医師8名、鍼灸師・柔道整復師・マッサージ師19名がこのネットワークに参加している。専門家を自分たちの事業体で抱えこまなくても、在来の地域資源を活用して24時間対応できるシステムづくりを実践している。うまいやり方だと思う。このシステムのモデルができれば、ほかの地域にも応用が可能だろう。

高まる歯科医療のニーズ

そのネットワークのなかには、在宅歯科医療を実践している開業歯科医もいる。高齢になれば、入れ歯も増えるし、口腔ケアのニーズも高くなる。人間、生きるというのは、最後のさいごまで、食べて出す、ということのくりかえし。口から食べるというのは、人間の生きる証だ。

施設ではテマを省くために入居者の入れ歯をはずすところもある。その結果、かめなくなって食事の楽しみを失ったり、ミキサーでごったにした味もわからない流動食を流しこまれたりする。これだって人権侵害だし、高齢者虐待ではないだろうか。

歩けない高齢者も、車いすという補助具を使えば移動が可能になる。目の遠くなった高齢者も、めがねという補助具があれば、新聞もテレビも見られるようになる。入れ歯という補助具があることがわかっているのに、それを使わせないのは、いじめとしか思えない。実際、合わない義歯をつくりかえて入れ直したところ、老人保健施設の入居者がとたんにしゃっきりして以前の活力を取り戻したという感動のシーンを、映画監督の羽田澄子さんが製作したドキュメンタリーで見たことがある。

在宅医療には、歯科診療も含めることが必要だろう。

もうひとつ、在宅医療で大活躍するのが訪問看護だ。24時間対応の訪問看護ステーションがあれば、医師の出番を待たなくてもそうとうのことが可能になる。看護師さんは病院勤務の場合でも、夜勤シフトがある。当直医はいても、患者の容態が変わったときには、深夜でも主治医に電話をかけて指示をあおぐ。それが病院から地域へ変わっただけ。医療ジャーナリストの大熊由紀子さんが、在宅医療についてうまい表現をなさった場に居合わせたことがある。病院での医療は、医師にとってホームグラウンドでの闘い。これに対して、患者の自宅での医療はアウェー（遠征試合）での闘い。まったく条件がちがう。医師にとっても看護師にとっても、在宅のほうが、多様な能力と経験を要求されるのは当然だろう。

どんなあばら屋でも自宅がいちばん

なくてはならないのが、訪問介護の役割だ。治療ではなく、暮らしを支えるのが介護。ヘルパーさんが短時間でも1日4回とか6回とか巡回で見守りに来てくれれば、状態の変化もわかる。巡回のあいまに息をひきとったとしても、それはそれでいいではないかと思えてきた。同居家族のいる高齢者だって、夜のあいだに見守るひともなく亡くなることもある。

わたしが共同研究した九州の生協、グリーンコープ連合の福祉ワーカーズ・コレクティブ（メンバー全員が出資して共同経営者となり、労働をも担う協同組合方式の非営利組織）では、訪問介護で男性の単身高齢者を在宅で看とった実績がある。

毎日見ているからこそ、変化がよくわかる。いよいよだなと思ったときに、遠くに住んでいる娘さんたちに連絡した。それから1週間してその方は在宅で亡くなった。ご家族にはほんとうに感謝されたという。1週間ですんでよかった。これが1カ月以上続いたり、もちなおしてはいったん帰り、また呼び出されたりした日には、かえってうらまれたかもしれない。

これに加えて、訪問リハビリ、訪問入浴、医療ソーシャルワーカー、ケアマネージャーなど、多職種の連携があれば、最末期でも在宅で死を迎えることができる。

おひとりさまのわたしの気分は、最近、そちらに向いている。質のよい施設を探すより、ひとりで暮らしてきたのだもの、ひとりで生きてきたように、ひとりで死んでいけばよい、と思うようになってきた。

どんなにすばらしい施設より、たとえみすぼらしくても自宅がいちばん、と多くの高齢者が思っていることを知るにつけても、介護保険の理念どおり、高齢おひとりさまの「在宅支援」が可能になってほしい、と思うようになった。

それに、そもそも介護保険の「在宅支援」の理念には、介護コストを安くしたいという〝不純な動機〟も含まれていたはず。在宅看とりは、実際、病院死よりは終末期医療のコスト低減にもつながるだろう。

家族という〝抵抗勢力〟

日本では、現在でも在宅死より病院（施設）死が84％（2011年）と圧倒的に多い。もともと家で死ぬのがあたりまえだった前近代以降、急速に病院死が増加し、1976年に在宅死を上回り、最近になって再び少しずつ在宅死が増える傾向にある。病院死では、スパゲティ症候群（輸液ルート、導尿バルン、気道チューブ、各種モニタなどを体じゅうにさしこまれた重症患者の状態をいう）といわれる終末期の過剰医療が起きたり、家族の目の前で心肺蘇生術《しんぱいそせいじゅつ》が行われたり、場合によっては、集中治療室に運びこまれて、家族が追い出されることすらある。これでは別れを惜しんだり、哀しむ場もない。

韓国の介護施設では、こんな話を聞いた。施設で亡くなった利用者の遺体を運び出して病院に移し、わざわざそこで親族のお別れをするのだという。病院死は「近代化」のシンボル。遺族が最後まで全力を尽くしました、というアリバイ工作に使われる。

入院を決めるのはだれ？

在宅医療を実践している岐阜市在住の医師、小笠原文雄《ぶんゆう》さんによれば、終末期に病院にかつぎこまれるのは、ほとんどが家族の意思によるとか。小笠原さんは、かなり重度のがん患者に対する緩和ケアを含む在宅医療を地域で実践している。約20年前に開業した当初の在宅死亡率は約5割。これが現在、9割超まで在宅死の比率をおしあげるように変わってきている。日本の在宅死比率は現状で12・5％だから、驚異的な数字である。

昏睡状態になった患者に代わって入院を決めるのは家族である。もし患者本人に意識があれば、この期《ご》に及んで入院を希望するひとはほぼいないだろう。せっかくここまで在宅でもちこたえたのだから、このまま家で死なせてくれ、というのがホンネではないだろうか。死にかけた患者を目の前にしてパニックにおちいるのは家族のほう。自分が見ていられないから病院へ、となる。

小笠原さんは、だから患者本人とだけでなく、その家族との信頼関係を築くのに時間をかける。患者の変化はこういう順番で起きること、変化はゆっくりだから心配しなくていいこと、なにかあったら24時間訪問看護ステーションの看護師が対応するから安心してほしいこと、在宅で看とればなにより患者さんの満足度が高いし、それを支えた家族も達成感を味わえることなどをじゅんじゅんと話す。1時間以上かけることもあるが、診療報酬にはならない。ふだんを見ているからこそ、患者の変化がわかる。パニックにおちいる家族は、遠くに離れていて、たまにしか来ない親族の場合が多い。

死ぬのに医者はいらない

小笠原さんの信条は、「死ぬのに医者はいらない」だ。

たしかに。

治療は医師の仕事だが、死ぬのは、死ぬひと本人がなしとげなければならない、だれにも代わってもらえない大仕事。

深夜に訪問看護ステーションに電話がかかってきたら、必要と判断すれば医師が往診するが、ほとんどは自宅待機の看護師さんが対応する。家族とともに看とりをしたら、看護師さんからドクターに、「いま、亡くなられました」と電話がかかってくる。医師の仕事は、あとで死亡診断書を書くことだけ。死んだひとは生き返らないから、夜が明けてからゆっくり出かければよい。

重度の患者さんたちを担当しているわりに、小笠原さんは深夜にあたふたすることが少ない。それというのも患者とその家族とのあいだに、日常的に深い信頼関係ができているからこそだ。

息をひきとった患者さんには多くの場合、家族が看護師さんと一緒にキレイな着物を着せ、送り化粧をする。家族が患者にしてあげられるこの最期のケアを、小笠原さんは「エンゼルケア」と呼んでいる。天国への旅立ちのお手伝いだ。家族が納得して「エンゼルケア」を実践したケースでは、残された遺族の満足度もすこぶる高いという。

「笑顔で送り、送られるんですよ」というドクターのことばに半信半疑だった。往診についていって、おどろいた。ことばどおりだったからだ。

大腸がんで人工肛門をつけながら闘病している女性の患者さんは笑顔だったし、「そろそろ今夜あたり」という末期がんの夫を在宅で看ている妻も笑顔だった。ドクターの予想どおり、お訪ねしたその日の夜に、その患者さんは亡くなられた。翌朝訪問したドクターは、ご家族の満足そうな笑顔に迎えられたという。

ドクターのひとことで家族関係が修復

こういう話を聞くにつけても、家族がいなくてホントによかった、と胸をなでおろす。子どものいないわたしには、最末期になっても、わたしに代わって意思決定を代行する者がだれもいないからだ。

日本では家族の権利がとても強い。意思決定の能力がなくなったら家族がそれを代行するし、臓器提供だって、法改正により、本人があらかじめ拒否の意思表示をしていないかぎり家族の意思だけでできるようになった。どんなに親しい友だちでも、めったに会わない親族が遠くからやってくれば、病室から追い出される。最末期に入院することを自分の意思で選択する患者さんにも、「家族がそれをのぞむから」──「家族の迷惑にならないように」という配慮がある。それさえなければ、病院で死にたいと、本気で願う患者さんはどのくらいいるだろうか。

在宅看とりの〝抵抗勢力〟がほかならぬ家族であるという実例をもうひとつ、小笠原さんから聞いた。末期がんの患者さんが、「もう病院でやることがないから」と退院をすすめられ、本人も退院を強く希望した。彼には、家庭内離婚状態の妻がおり、その妻が、手のかかる夫が家に帰ってくるなんて、と強硬に反対した。

そこに割って入った小笠原さんのせりふである。

「あんたさえおらんかったら、患者さんを家に帰してあげられるのになあ」

大逆転の発想である。

いやがる家族がいるばっかりに家に帰れない。だれもいなかったら、帰して在宅ひとり死を支えることができるのに……。ドクターのあまりに率直な発言に妻はショックを受け、考え直した。ヘルパーさんを入れる態勢をつくって夫を家に帰した。結婚して別居している娘もせっせと通ってきてくれた。

そのうち、夫のカラダにさわるのもイヤだった妻が介護に参加するようになり、両親の不和を嘆いていた娘がびっくりするほど、夫婦の関係はよくなった。最末期を在宅で過ごすことができた夫の満足度は高く、介護に協力し夫婦関係を修復した妻と、それを見ていた娘の満足度もともに高く、ドクターはたいへん感謝された。

人生にはいろんなことが起きるものだ。

日本在宅医学会の大胆な試み

在宅看とりを実践している医療関係者たちは各地にいる。

日本在宅医療研究会は1999年設立（2008年に日本在宅医療学会と改称）、がん患者の在宅医療を支えるために、急性期医療と地域医療との連携などを研究し、実践している。日本在宅医学会も同じく1999年に設立。医師だけでなく、看護師、理学療法士などコメディカル（医師以外の医療従事者）の多職種を含む会員・準会員が約1700名いる。

2009年、鹿児島で開催された日本在宅医学会の年次総会の大会長を務めた中野一司さんは、鹿児島市内の開業医。訪問医療にITを駆使しており、彼が主宰する在宅医療ネットワークのメーリングリスト登録者は全国で約900人いる。このメーリングリストを使って1000人が集まる大会を、組織委員会なしでたったひとりで仕切った。だから大会委員長ではなく、「大会・長」。主催者挨拶で、会長の次に大会・長が登場したので、わたしは会長より大・会長のほうがえらいのかと思った。

このひとは、日本最強の口うるさい三婆《さんばば》、樋口恵子、大熊由紀子、上野千鶴子の3人を一堂に集めてシンポジウムをやるという、これまでだれも考えついたことのない大胆な企画を思いついて鹿児島で実現したひとだ。

医療も介護も地域格差が大きい

こういう在宅医療は、ひと昔前のかかりつけ医、いまや〝絶滅危惧種〟のホームドクターを思い起こさせる。かえって鹿児島市や岐阜市のような地方都市が、１周遅れのトップランナーになるのだろうか。と思っていたら、東京都23区内、それも、どまんなかの新宿区で在宅ターミナルケアを実践しているというドクターにお目にかかった。考えてみれば、都市部のほうが人口集積度が高い。移動コストを考えれば、**都市部のほうが、訪問医療の効率はいいかもしれない。**

ただ問題は、こういう実践が、志のある一部の医療関係者がその地域にいるかどうかという偶然のファクターで左右されてしまうことだ。医療保険も介護保険も制度は全国一律。だが、制度に命を吹きこむのはひと。同じ出来高払いの収入で、赤字を出すところもあるし、黒字を出すところもある。同じ条件のもとで、志の高い医療や介護を実践している関係者もいるし、制度にあぐらをかいているひとたちもいる。医療も介護も地域格差が大きい。

何度でもくりかえしていうが、こういう良心的な担い手とめぐりあえるかどうかは、おカネさえ出せばなんとかなる、という具合にはいかない。

おひとりさまの在宅看とりを可能にするためには、老後はそうした地域介護・医療資源のある土地に引っ越すか、それとも自分の住んでいる地域で、元気なうちにそういう資源をつくりだすしくみを考える必要があるだろう。

介護保険を「おひとりさま仕様」に

在宅看とりを実践している関係者の証言を総合すれば、

第1に、終末期の痛みのコントロールは、今日の医療水準では、完全にできる。

第2に、家族がいなくても、多職種の連携があれば、おひとりさま世帯でも看とりはできる。

第3に、場合によっては、家族がいないおひとりさまのほうが在宅看とりがスムーズにいくこともある。

おひとりさまにとって、こんなに心強いことがあるだろうか。

おひとりさまの在宅ターミナルケアが可能になるように、介護保険を「おひとりさま仕様」に、とわたしは言いつづけてきたが、それにはいつも負担と給付のバランスが問題とされる。ご存じのように現在の介護保険では、もっとも重い要介護度

5に認定されても、在宅サービスの1カ月の支給限度額は約36万円と決まっている。利用者本位といいながら、介護する家族の人手があることが前提で、その家族介護の負担を軽減するのが、介護保険の制度設計の政策意図であり政策効果だった。になると、おひとりさまは施設か病院であの世へ旅立つほかないのだろうか。にもかかわらず、特養などの施設は行政の誘導で設置が抑制されている。予約待ちが700人などと聞くと、絶望的な気分になる。保育所の待機児童をゼロに、というかけ声は聞かれるのに、特養の待機高齢者をゼロに、とは聞かれない。

とはいえ、施設介護がよいとはわたしには思えない。世界的に脱施設化の動きが起きているというのに、「もっと施設を」とは思えないからだ。だからといって、施設の増設を抑制すると、おひとりさまの最後は群馬県渋川市の無届け施設のように、ウバ捨てされて焼け死ぬしかないのだろうか、と暗澹《あんたん》たる気分になる。

最期に貯蓄をどう使うか

だがすでに述べたように、生涯の最後に他人さまのお世話になる期間は、死因が、①心疾患と脳血管疾患、②がん、③老衰や感染症の順に短い。寝たきりの平均期間は8・5カ月。がんなら半年、寝たきりなら1〜2年程度を予期して、終末期に投資すればよい。寝たきり期間のあいだでも、ほんとうに24時間介護が必要な期間はそう長くはないものだ。日本の高齢者の貯蓄率や貯蓄額はけっして低くない。爪に火をともすようにつましい暮らしをしていたお年寄りが、亡くなってみると1000万円以上の貯金を残していたなんて話はざらにある。

先の岐阜市在住の医師、小笠原さんによると、そろそろと思ったころには、泊まりこみの家政婦さんを入れるようにすすめるのだとか。岐阜周辺の相場では、日額1万5000円、月額で45万円。月にこれだけ支払う覚悟があれば、在宅で生活のクオリティを維持できる。アメニティ（快適性）を高めたければ100万円あればよい。

ところが、これについても、〝抵抗勢力〟は家族。高齢者の資産を減らしたがらない。貯蓄額が300万円あるおばあちゃんのおひとりさま世帯に、家政婦を入れたらとすすめると、義理の息子はそれでは足りないのではないか、と心配した。300万円あれば半年はもつよ、足りなければ小笠原内科がそれからあとは持つ、と説得したという。このドクターは、患者さんの貯蓄額まで知っているほど信頼を獲得している。

「いよいよ」となってから、ボランティアが交替で泊まりこみにきたケースもある。

せっかくサポート体制を整えたのに、遠方の家族が来て、さっさと病院へ連れて行ってしまったと、ボランティアさんは悔しがる。

そうやって遠くにいる家族を頼らずに在宅で亡くなったさる高齢者の方は、土地付きの自宅を「ほかの方の役に立ててください」とドクターに遺贈した。ドクターは、ありがたいが贈与税がかかってたいへん、と苦笑い。

ケアサービスにカネを惜しむな

1カ月45万円は、高級な設備を売り物にするトップクラスの有料老人ホームの月額利用料と同程度。こういう有料老人ホームでは、最初の入居金も数千万円とバカ高い。在宅ならもともと自分の住宅があるのだから、初期投資はいらない。どんなあばら屋でもわが家がいちばん。あとはバリアフリー改装と介護用品のレンタル費用。

インフラ投資は最小限にして、サービス費用に思いっきりかけたらよい。

これまで家族介護はタダだと思いこんできた日本人は、サービスにおカネをかけることを惜しみすぎる。自分のおカネだ、だれに遠慮することもない。そのために貯金してきたのだから。

ただし、住みこみ家政婦さんの月額報酬45万円は、地方都市相場。大都市圏では人件費も高く、なり手も払底しているかもしれない。だが、身のまわりのお世話なら、プロの家政婦さんにかぎらず、短期間におカネをためたい若者や学生などが応募してくるかも。現にスウェーデンでは、高齢者の住宅の一室を若者に提供して、代わりにケアサービスを提供してもらうしくみも成りたっているのだから。いずれはこういう場に、外国人ワーカーが参入することもあるのだろうか。

在宅ターミナルケアは、

第1に、本人の満足度が高い。

第2に、施設介護にくらべてインフラ投資がいらないぶんだけコストが安い。

第3に、終末期医療のコスト抑制につながる。

第4に、終末期に高齢者がためこんだ貯蓄を放出してもらうと、地域の雇用の活性化や需要創出につながる。

よいことだらけなのである。

和解のススメ

死はゆっくり来る。突然死など、のぞまないほうがよい。

死が時間をかけて訪れることの恵みは、「旅立ちの準備」を、本人も周囲もできることだ。身のまわりの整理や遺言の書き方については、ノウハウ本が山のように出ている。わたしはここでは、ほかにだれもいいそうもないことを、とくに男おひとりさまに向けて、書いておきたいと思う。

それは死の前の「和解のススメ」である。それというのも、2005年に監修した『今、親に聞いておくべきこと』(法研)で、類書にはない項目を仕込んでおいたことがあるからだ。それは、「聞きにくくても聞いておくこと」「聞きたくても聞かない方が良いこと」、そして「今のうちに親と和解しておきたいこと」の3つである。

「親との和解」という項目をわざわざ入れたのは、わたし自身に悔いが残っているからだ。母親としっくりいかなかったわたしは、娘時代に早めに家を出て、母親との対立を回避した。あとになって介護の場面で出会ったときには、母親はとっくに弱者になっていたから、きちんと向き合う機会は永遠に失われた。

意地を通せば悔いが残る

生涯のあいだには、だれにも葛藤があったり対立した相手がいる。敵ならほうっておけばよい。だが、自分にとって大切なひとや身内と行きちがいで対立して、それがほぐれないまま年月を過ごしてきたひとは、とりわけ男性に多いだろう。コケンや意地、義理やスジなどを通すのが男。人情を優先してまあまあ、というわけにいかないからだ。配偶者を亡くしたあとなどは、「まあまあ」ととりもってくれる妻もおらず、ますます家族から孤立することになる。

自分の意に背いた子どもを「勘当」するのはたいがい男親。母親が子どもを「勘当」する例は思い当たらない。いまだって、娘が勝手にろくでもない男と出奔《しゅっぽん》してしまったという理由で「勘当」する親はいないわけではないが、孫でも生まれたら、たいがいの女親は軟化する。女親がとりもって娘夫婦は家族の一員に復帰するものだが、その仲介をしてくれる妻も、もういない。

離別などの場合には、ましてや成人した子どもの顔も思い浮かばないくらい、もとの家族とは縁遠くなっている。

『おくりびと』という映画をごらんになっただろうか。自分が6歳のときに女をつくって出ていった父親に、主人公である息子は約30年ぶりに再会する。出会ったときは、父が死んだあとだ。この映画には、「死体役」の役者さんが何人も登場する。せりふがないのはいいかもしれないが、死んだふりをするのもラクではないことだろう。

この映画のクライマックスは、納棺師を職業とした主人公が、自分を捨てた父の遺体と対面したときに、握ったその手から、かたときも忘れたことのない、幼いころ、父と交わした石文《いしぶみ》（石に自分の思いを託して贈ること、その石）がぽろりとこぼれでるのを発見するシーンだ。そうか、そうだったのか。自分勝手なヤツと呪いつづけた父親は、自分を捨てたあとも、死の瞬間まで息子の自分を忘れたことがなかったのか……死者との和解が、この一瞬に成りたつ。

気むずかしいことで知られている友人の男性が、「ぜったいに泣けますよ」と言って映画をリメイクしたマンガ版をわたしに貸してくれた。読んだが、泣けなかった。わたしがよほど血も涙もない人間だからか。そうは思わない。この映画には、男を泣かせるキモが仕込まれているからだ。それが、父と息子の和解、しかも、とりかえしのつかない、遅すぎた和解だからである。『おくりびと』は女心よりは、男の魂をぐいっとつかむしかけに富んでいる。

思い残しなく生きるために

とはいっても、現実は映画のようにうまくはいかない。死ぬときに石文を握りしめていたなんて、話ができすぎているし、たとえそうでも、息子がそれをうまく発見してくれる保証はない。それに息子の側では和解は成りたったかもしれないが、死んだ父親のほうは、死ぬ瞬間も息子の石文を握りしめて悔恨にくれただろう。死ぬ前ではなく、死のあとに訪れる和解であることで、これは息子の物語であって、父の物語ではないことがわかる。もしかしたらこの遅すぎる和解が意味するのは、父と息子の和解は死ぬまで訪れないということかもしれない、とすら思える。

「べつなわたしの友人の男性は、80代の父親を60代で見送ったときに、葬儀で「どうしても泣けなかった」と述懐した。それまでの人生のなかでの父との確執や身勝手な父のふるまいを思うと、「この年齢になっても許す気持ちになれない」からだという。そして許せなかった自分の気持ちは、今度は息子の側にほぐれないまま残る。

ほぐれなかった思いは、凝り固まって、あとに残る。残された側にも、思いは重荷になる。思い残しのないように生きようと思えば、死の準備の期間に、和解すべきひとたちとは和解しておくことだ。許せないと思う相手を許し、許してもらえないと思う相手から許してもらうことだ。死ぬことがわかっているひとを前にすれば、相手はきっと寛大になるだろう。もし許さなかったら、許さなかったことが今度は生き残った側の思い残しになる。

セツコさんは60代で当時70代だった夫を見送ったとき、脳梗塞の後遺障害で病床にあって動けない夫に、こう聞いたそうだ。

「いまのうちに会っておきたいひとがいたら、遠慮せずに言ってちょうだい。わたしの知らない愛人でも恋人でも、あなたが会いたいと思うひとは呼んであげるから」

見上げたものである。

もちろん人生に完成も大団円もない。終わるときにはいつでも中途半端なのが人生だろう。だが、ゆっくり死ぬ過程で、思い残しのないように謝罪や赦《ゆる》しを告げ、近しいひとたちに感謝して別れを告げておけば、「もういつお迎えがきてもいい」という気分になれないだろうか。

まだ経験もしていないのにえらそうなことはいえない。そして実際に経験したときには手遅れなのが、死ぬことだろう。だが、「おひとりさま」のわたしは、できればそういう「おひとりさま」の死を迎えたいものだ、と念じている。

こういう死に方には、女も男もないことだろう。

あとがき

前著『おひとりさまの老後』の「あとがき」に、わたしはこう書いた。

「なに、男はどうすればいいか、ですって？
そんなこと、知ったこっちゃない。
せいぜい女に愛されるよう、かわいげのある男になることね」

これを読んだある男性読者から、クレームをいただいた。

「この本は女性だけでなく男性にとっても役に立つ本だと思って共感しながら読んできました。最後にこの3行に出合い、突き放された思いがしました。できればこの3行は削除してください」

お気持ちはわかるが、この3行はそれ以降も削除せず、あとがきに残っている。
そして読者からは、ことあるごとに、「男おひとりさまの老後を、続きで書いてください」といわれてきた。

それから2年。ようやく約束を果たした気分である。

男おひとりさまと女おひとりさまの暮らしの知恵は同じではない。男おひとりさまに向けて、男性の著者が書いた本もあるのだから、なにも女に生き方を教えてもらうに及ばない、と感じる読者もいることだろう。

だが、多くの男おひとりさまに取材して気がついたことがある。おだやかで幸せな老後を送っている男おひとりさまの共通点は、妻がいなくても女性の友人が多いことだ。最後はカネ持ちより人持ち、それも男性は異性の友人を、女性は同性の友人を持つことが秘訣のようだ。「弱さの情報公開」のできない男同士の関係では、困ったときの助けにならないからだ。

わたしより年長の男性たちに生き方を指南するなど、僭越だろう。だが、なにをしたら女性がうれしいか、それともイヤがるかを教えてあげることはできる。

カネでも地位でもフェロモンでも女性を釣れないとなれば、最後に残るのは、人間的な魅力だけ。それも女性をおびやかさない「かわいげ」だ。

「せいぜい女に愛されるよう、かわいげのある男になることね」

という前著でのアドバイスを、わたしは自分でたしかめることになった。

本書には前著から2年のあいだに、わたしが取材したり研究したりした新しい情報がたくさん盛りこんである。今回は男性向けに書いたが、女性の読者にとっても役に立つと思う。

なにより、男おひとりさまには、わたしたち女性の幸せのためにも、ひとりで生き延びてもらわなくては困るのだ。はた迷惑な自爆テロをやられても困るし、孤立した暮らしに窮して「孤独死」（「ひとり死」とは断然ちがうことは本文を見てほしい）してもらうのもせつない。

女性はけっして冷淡でも邪険でもない。先立つ妻には「これでお父さんを残して安心して死ねる」と思ってもらいたいし、離婚した妻にも「顔も見たくない」と憎むかわりに、子どもたちの父親とほどのよい関係を維持してもらいたい。「負け犬」の女性たちにも、魅力的な男友だちがたくさんいてほしい。

困ったときに困ったといえる「かわいげのある」男おひとりさまが増えるのは大歓迎。そして世の中のしくみをその助け合いができる方向に変えていけたら、と願っている。そのためのハードルはけっして高くないはずだ。

紅葉の季節に

上野千鶴子

文庫版あとがき

本書を出したあとに、「70代、男性」読者からお手紙をいただいた。
「私は長い間、上野千鶴子は男の敵だと思ってきました。本書を読んで、認識が改まりました」

こういうご反応をいただくとうれしい。

前著『おひとりさまの老後』でも、男性読者から「この本は女性のために書かれていますが、男性にも役に立ちます」と言っていただいた。年をとれば、そして要介護になれば、男も女も関係ない。老いる智恵は、男女に共通のはず…なのだが、なぜだか男性のほうが老いを受けいれにくいような気がする。なぜだろうか、と考えつづけて書いたのが本書である。

還暦を過ぎて、ダテに人生60年も生きてきたわけではない、男と向かい合ってかれらについても学んできたはずだ。とはいえ、男は謎じゃ、なんでこういうふるまいをするのかわけがわからん…ということが多すぎる。

男のことは男に…それがわたしの唱える「当事者主権」のはずだった（中西正司・上野千鶴子『当事者主権』岩波新書、２００３年）。なぜってわたしのやってきたフェミニズムは、女についていちいち男に指図されたくないという主張だったのだから。その禁をおかして「男のための本」を書いてはみたものの、世に送るのはおっかなびっくりだった。「男心は男じゃなけりゃ」…と、「見当違い」だの「的外れ」だのご批判を受けるのではないか、と案じたからだ。

それが、返ってきた反応は大半が「身につまされた」「切実だ」というもの。

そうか、上野はやはり男の理解者だったのね（笑）。

「男の味方」になったとはいわないまでも、「ごはんの友」ならぬ「男の友」になった気分である。

なぜってこの世で女だけが救われたいと思っても、男を置き去りにするわけにはいかないから。男にも同志として一緒にしあわせになってもらわなければ、わたしたちが困るから。それにふしあわせな男たちは、はためいわくだから。

「老いを受けいれるのがむずかしい」ということは、別ないいかたをすれば「弱者になることを受けいれるのがむずかしい」と言ってもよい。にんげん、産まれたときは弱者だったのだもの、人生の最後にもういちど弱者に戻ってもかまわない。人生100年時代は、上がり坂の前半生に、下り坂の後半生。人生の残り半分には、えんえんと終わらない、死ぬに死ねない、だらだらした下り坂が続くってこと。これが超高齢社会というものなのだけれど、こんな世の中が来るって、いったいだれが想像しただろうか。

超高齢社会の到来をわたしが歓迎するのは、かつて強者だったどんなひとも、かならず弱者になっていくからだ。そのとき、自分が弱者になっていくことを受けいれられるか、他人の手に安心して自分をゆだねられるか…が問われる。男にむずかしいのは、「弱者である自分」を受けいれること。それができないばっかりに自殺においつめられ、ひきこもりになり、アルコール依存になり、ギャンブルに走る。「弱さを認める強さ」があれば、「男というビョーキ」の大半は治るんだけどね。

解説は田原総一朗さんにおねがいした。その理由は、本文でおわかりいただけるだろうと思う。政治評論家としてではない、妻に先立たれた「男おひとりさま」として、わけてもわたしが尊敬する故田原節子さんの夫として、彼女と互角に切りむすんだパートナーとして、である。わたしは今でも、経験した恋愛の質が男を決める、と思っている。

『おひとりさまの老後』『男おひとりさま道』と同工異曲の本を立て続けに二冊も出して、「柳の下の二匹目のどじょう」ねらいと思われてもしかたがないかもしれない。だが、両方を読んでいただければおわかりと思うが、両者にはほとんど重複するところがない。なぜなら前著と本書とのあいだの2年間に、わたしが「進化」したからだ。順調に「老化」した、と言ってもよい。そのぶん「死」に近づいたともいえる。だから本書には、前著になかった「ひとり死」について取材した結果が盛りこんである。要介護になり、寝たきりになり、やがて死を迎えるのに、男も女もない。本書を書いたあとのわたしの関心はいよいよ「在宅ひとり死」に向かっている。「孤独死」とは呼ばない。なぜなら他人さまに支えていただいてひとり暮らしの場で逝くことができたら、けっして「孤独」ではないからだ。（いまのところ「在宅ひとり死」という用語は、わたし以外にほかの誰も使っていないから、商標登録しておこうかしら?）で、次作の予定はすでに立っている。題名は『おひとりさまの最期』である。乞うご期待。

文庫化にあたって文藝春秋の井上敬子さんのお世話になった。文庫化をおゆるしいただいた単行本の版元、法研とその編集者弘由美子さんにも、あらためてお礼を申しあげたい。

秋立つ日に

上野千鶴子

解説

田原総一朗

『男おひとりさま道』は、おそらく男にとって手厳しい書なのだろうと予想していた。何しろ書き手が天下の上野千鶴子さんである。

ところが読んでみると、上野さんらしい、男にとって痛い目も随所に光っているが、〝男ひとり者〟にとって大いにためになる、具体的なノウハウまで示されていて、何とかやっていけそうだという自信を付けてくれる書であった。

それにしても、上野さんは、なぜ、政治信条も同じではない私などに文庫版の解説など依頼して下さったのだろう。私が上野千鶴子さんにお会いしたのは一度だけである。それも亡くなった女房（節子）が、上野さんにお目にかかったとき、私は節子についていったのであった。節子はウーマンリブの運動をやっていて、そのために上野さんと接点があったのである。著書を読ませていただくと、がんと闘っていた節子と私の共著である『私たちの愛』を読んでくださっていて、節子と私の闘病に興味を持って下さったようである。そして現在私は〝男おひとりさま〟なのである。

不便なことは少なくないが、近所にすむ娘が面倒をみてくれて、何とかやっていけている。朝食は自分でつくり、昼食にはコンビニの弁当を買っている。一人暮らしの気楽さもある。

この書を読んで、何より感じたのは、上野さんが随分丹念に取材されていて、いわゆるデーターが驚くほど豊富なことであった。

男の〝おひとりさま〟へのなり方は三種類あるという。

第一は死別シングル、第二は離別シングル、第三は非婚シングルである。

男のひとり暮らしは、女のひとり暮らしより同情と憐憫の対象になる。男の高齢者がひとり暮らしをしていると、あいさつ代りのように〝おさみしいでしょう〟、〝ご不自由でしょう〟といわれる。若者のひとり暮らしには、いわれないにもかかわらず、である。このことへの反撥がそもそも『おひとりさまの老後』を書いた理由のひとつだと上野さんは指摘している。上野さんにしてみると、このような言葉をかけられるのは大きなお世話だというわけだ。上野さんらしい指摘である。私自身もそう感じている。

著書の中で、私が強い興味を持たざるを得ない〝見出し〟があった。

〝男が介護を引き受けるとき〟

このところ増えているのが、家族介護者の男性比率で、二〇一二年版の高齢社会白書では、同居介護者の三〇・六％が男性なのだという。家族を介護している人間の三人に一人近くが男性ということになる。

この男性が夫である場合、〝だんなさまにお世話していただけるなんて、お幸せねえ〟と妻は羨望され、夫は〝よくできただんなさま〟としてほめそやされる。だが、上野さんは〝夫に介護される妻のほうは、ホントに「お幸せ」なのか〟と鋭い疑問を呈する。

家族社会学者の笹谷春美の言葉を引用して、〝定年後の夫は、妻が要介護になると、使命感を感じて、「オレの出番！」とがんばる場合がある。仕事で培ったノウハウや経験を生かし、妻の服薬管理や生活管理など、てきぱきとこなす〟と記している。

実は私自身、女房・節子の介護に使命感を覚えていた。最後の一年は車椅子生活で、たとえば毎晩、風呂に入るのも、私が服を脱がし、私自身も裸になって、裸の節子を抱き上げて、まるで相撲を取っているような恰好で湯舟に入れる。そして全身をくまなく洗う。私はそれが楽しかった。老後の愛とはこういうものかと充実した気持であった。

だが、上野さんは、〝夫に介護されている妻は、介護に不満があっても、文句をいうのははばかられることだろう。「お父さんのお世話をする」のが妻の役割なのに、それが果たせないばかりか、立場が逆転して夫にお世話をかけているという引け目から、身の置きどころのない思いをしている妻は多いはずだ。そのうえ文句をいうなんて論外……。

介護や医療の方針が食いちがったときなど、介護を受けている妻が、夫に異を立てるのはむずかしい。「お父さんのいいように」と、自分を人体実験の材料であるかのようにさしだす妻もいる。そうなれば、ほとんど「介護されるボランティア」みたいなもの〟と書いている。

私にとっては衝撃の文章であった。深く考え込んでしまった。

私は、〝愛〟だなどと勝手に思って、女房を〝介護されるボランティア〟にしていたのではないか。

上野さんは〝男の介護の落とし穴はここ〟と指摘しているが、私はイイ気になって、女房を支配していたのではないのか。上野さんによれば、私は女房に対して

〝愛〟という名の所有意識を持っていたのではないか。亡くなった女房にいまさら確めようがないが、上野さんの文章は私に突き刺って容易には抜けないでいる。

上野さんが〝男というビョーキ〟について書いている箇所も、残念ながらわが事としてうなずかざるを得なかった。

〝男性をみていて、女性とちがうなと思うところがある〟と上野さんは指摘する。

〝それは、（男性は）自分の弱さを認められないということ〟だと上野さんは書く。歳をとるにつれて、人間はこわれものだという感覚が身について来て、カラダもこわれるし、ココロもこわれる。だから、こわれものはこわれものらしく、大事に扱わなくてはならない。

ところが、男は女と同様に弱いのに、自分の弱さを認められない。つまり、自分の弱さを認められないのが男の弱さだというのである。

これを上野さんは〝男というビョーキ〟だと名付けるのだ。

男は小さいときから強くならなくては、と思い込まされて来た。だから、自分の中にある弱さを押し殺し、他人には見せず、虚勢を張って生きて来た。そのために、老いて弱くなっているのに、弱さを認めずに虚勢を張って生きつづけようとする、と指摘する。

私自身にも、その部分は大いにある。もっとも、老いるのが弱くなることだとはわかっているので虚勢を張るまいとは思うのだが、本能的には虚勢を張りたくなる。そのことをくり返しながら生きているのである。

ところで、上野さんが凄いのは、〝「安心」はいくらあれば買えるのか〟というコーナーまで設けているのである。

女房に先立たれた〝男おひとりさま〟はどうすればよいのか。私自身がまさにそのケースである。

私自身が元気な間は問題はない。だが、私が介護が必要になった場合に、どうすればよいのか。子供たちに介護を期待するのは無理だろう。

上野さんは親切にも、〝いくらあれば施設に入れるか〟というコーナーを設けて、終身利用権付きの有料老人ホームから、高額の費用のない人のための、ケア付きの高齢者専用の賃貸住宅、さらにいろいろのランクに合わせて具体的に介護施設を詳しく紹介下さっている。これは大へん貴重なデータでまことに有難い。

そして、〝男おひとりさま〟の私には、男女を問わず友だち付きあいの際の〝男の七戒〟を示して下さっているのが、何よりも貴重な手掛りになった。

その1　自分と相手の前歴は言わない、聞かない。つまり過去にどのような企業や役所に勤めていて、どのようなポストにいたなどということは一切言わないし、聞かないということだ。

その2　家族のことは言わない、聞かない。つまり相手のつれあいのことも、子供や孫たちのことも聞かないということだ。

その3　自分と相手の学歴を言わない、聞かない。つまり、自分の学歴をひけらかしたりすれば、鼻つまみものになるということだ。

その4　お金の貸し借りはしない。私の体験でも、お金を貸すと、相手はほとんど返さず、それで友人関係が切れてしまっている。

その5　お互いに「先生」や「役職名」では呼び合わない。

その6　上から目線でものを言わない、その場を仕切ろうとしない。これは非常に大事なことである。

その7　特技やノウハウは相手から要求があったときにだけ発揮する。つまり必要もない能力をひけらかしてもイヤミになるだけだということだ。

この小文のまとめに、上野千鶴子さんのあとがきの一節をいただくことにした。

〝おだやかで幸せな老後を送っている男おひとりさまの共通点は、妻がいなくても女性の友人が多いことだ。最後はカネ持ちより人持ち、それも男性は異性の友人を、女性は同性の友人を持つことが秘訣のようだ〟

（ジャーナリスト）

単行本『男おひとりさま道』（平成二十一年十一月　法研刊）

文春文庫

男《おとこ》おひとりさま道《どう》

定価はカバーに表示してあります

2012年12月10日　第1刷
2021年8月10日　第3刷

著　者　上野千鶴子《うえのちづこ》

発行者　花田朋子
発行所　株式会社 文藝春秋

東京都千代田区紀尾井町 3-23　〒102-8008
TEL　03・3265・1211㈹
文藝春秋ホームページ　http://www.bunshun.co.jp

落丁、乱丁本は、お手数ですが小社製作部宛お送り下さい。送料小社負担でお取替致します。

印刷・凸版印刷　製本・加藤製本

Printed in Japan
ISBN978-4-16-783837-9

（　）内は解説者。品切の節はご容赦下さい。

安野光雅
絵のある自伝
昭和を生きた著者が出会い、別れていった人々との思い出をユーモア溢れる文章と柔らかな水彩画で綴る初の自伝。心温まる追憶は時代の空気を浮かび上がらせ、読む者の胸に迫る。
あ-9-7

阿川佐和子
いつもひとりで
ジャズ、エステ、旅行に食事。相変わらずパワフルに日々を送るアガワの大人気エッセイ集。幼い頃の予定を大幅に変更して今後は「いつもひとり」の覚悟をしつつ……？　（三宮麻由子）
あ-23-12

阿川佐和子
「聞く力」文庫2
アガワ随筆傑作選
今度は「語る力」です！　お嫁さんを夢見る少女が日本を代表する仕事人になるまで、エッセイで辿るアガワの激動（？）の人生。秘蔵写真公開。　（中江有里）
あ-23-23

浅田次郎
君は嘘つきだから、小説家にでもなればいい
裕福だった子供時代、一家離散の日々で身につけた習慣、二人の母のこと、競馬、小説。作家・浅田次郎を作った人生の諸事が綴られた文章に酔いしれる、珠玉のエッセイ集。
あ-39-14

浅田次郎
かわいい自分には旅をさせよ
京都、北京、パリ……誰のためでもなく自分のために旅をし、日本を危うくする「男の不在」を憂う。旅の極意と人生指南がつまった、笑いと涙の極上エッセイ集。幻の短篇、特別収録。
あ-39-15

安野モヨコ
食べ物連載
くいいじ
激しく〆切中でもやっぱり美味しいものが食べたい！　昼ごはんを食べながら夕食の献立を考える食いしん坊な漫画家・安野モヨコが、どうにも止まらないくいいじを描いたエッセイ集。
あ-57-2

朝井リョウ
時をかけるゆとり
カットモデルを務めれば顔の長さに難癖つけられ、マックで休憩すれば黒タイツおじさんに英語の発音を直され。『学生時代にやらなくてもいい20のこと』改題の完全版。　（光原百合）
あ-68-1